LA CAMPAGNE

NATIONALISTE

CONFÉRENCES

DE

JULES LEMAITRE & GODEFROY CAVAIGNAC

EN PROVINCE (1900-1902)

Prix : 1 Franc

PARIS

L. MICHAUD, 30, RUE DE GRAMMONT, 30

1902

LA CAMPAGNE NATIONALISTE

ÉMILE COLIN, IMPRIMERIE DE LAGNY (S.-ET-M.)

LA CAMPAGNE

NATIONALISTE

CONFÉRENCES

DE

JULES LEMAITRE & GODEFROY CAVAIGNAC

EN PROVINCE (1900-1902)

PARIS

L. MICHAUD, 30, RUE DE GRAMMONT, 30

1902

QUELQUES MOTS DE PRÉFACE

Le nom de « nationaliste » qui nous sert de ralliement
est vraiment un très beau mot, capable d'émouvoir le
cœur et l'imagination du peuple, un mot dont la beauté
a par elle-même une puissance d'expansion et de propagande. Et c'est pour cela qu'il a le don de faire
écumer et délirer nos adversaires. Ce mot est probe, il
porte en lui-même sa définition. Le nationalisme, c'est
le réveil de l'instinct de conservation nationale, c'est
la ligue populaire du bien public et des intérêts na-
tionaux, c'est la revendication de la République par la
nation. Le nationalisme, ce fut au fond l'état d'esprit
des meilleurs Français vers la fin de 1792, alors que
patriote était synonyme de républicain.

JULES LEMAITRE.

Le sentiment national est né de l'instinct de conservation qui s'est éveillé en nous, quand nous avons vu
des forcenés s'attaquer à l'armée, gage et rempart de

notre indépendance. Chemin faisant, il s'est augmenté et enrichi. Après Fachoda, il s'est fortifié du désir de reprendre notre rang dans le monde et de faire prévaloir de nouveau contre les puissances étrangères l'intérêt français. Puis la tyrannie de la défense républicaine lui a fourni son dernier élément, l'amour de la liberté.

GABRIEL SYVETON.

L'essentiel, le plus pressé est de sauver l'idée nationale. C'est à cette œuvre préliminaire qu'il faut nous employer de toutes nos forces en faisant appel à tous les hommes bien intentionnés et qui ne craindront pas de prêter serment de fidélité à la République débarrassée de l'esprit d'intolérance, de haine et d'erreur qui la rend inhabitable à un homme libre.

LOUIS DAUSSET.

CAMPAGNE NATIONALISTE

I

M. JULES LEMAITRE

CONFÉRENCIER POLITIQUE

Si, parmi tous les lettrés, il s'en trouvait un qui
semblait ne jamais devoir s'occuper de politique, même
en amateur dilettante, c'était bien M. Jules Lemaitre.
Critique et auteur dramatique, son talent était une
des plus justes et des plus fines expressions du génie
français, de ce qu'il a de plus intelligent, de plus
clair et de plus élégant. Le goût des sentiments déli-
cats et d'une langue à la fois harmonieuse, spirituelle
et précise, l'amour de la mesure en toutes choses et
la peur ironique et charmante de toute violence et de
toute exagération paraissaient l'éloigner à jamais,
par une instinctive horreur, des discours grandilo-

quents et sonores, des promesses fantastiques et men-
teuses, des intrigues mesquines et des luttes à coups
d'injures et de gourdins qui forment l'apanage des
politiciens. La curiosité même ne l'avait amené
qu'une fois à observer leurs mœurs, et l'attristante
impression qu'il en avait rapportée ne l'avait point
encouragé à renouveler cette étude. Il appartenait à
un petit monde uniquement soucieux de belles-lettres
et de beaux-arts, dont les lieux de réunion sont les
salons, les théâtres les églises, et le Boulevard ou le
Bois la promenade. Il était une manière de mandarin
caché à la foule dans le calme d'une tour d'ivoire, et
le seul public auquel il se fût jamais adressé, c'étaient
les dociles abonnés des matinées de l'Odéon, les ad-
mirateurs intransigeants de Sarah Bernhardt ou les
bonnes dames qui assistent, infatigables, aux séances
de réception de l'Académie.

Il y a loin de l'Odéon et de la place du Châtelet à
l'Hippodrome de Marseille ou aux usines de Belfort,
et la coupole ne se dresse pas tout à fait aux bords
tumultueux de la Garonne. Il n'y a pas plus loin, à
vrai dire, de Jules Lemaître conférencier littéraire à
Jules Lemaître conférencier politique, et cette rapide
transformation n'a pas été une des moindres sur-
prises de ces dernières années, si fécondes en nou-
veautés. Sans doute on pourrait en retrouver les
causes et en retracer, pour employer un vilain mot,
le processus, en rappelant ces articles qu'il publiait
sous la rubrique « Opinions à répandre » et où il s'in-
téressait déjà tout entier aux grandes questions de

l'enseignement et de l'expansion coloniale. Il n'en reste
pas moins que le saut est brusque. On a beaucoup
écrit sur le critique, sur le chroniqueur et sur le dra-
maturge : personne n'a écrit encore sur l'orateur de
réunions publiques, et c'est ce portrait que je voudrais
essayer, puisque, l'accompagnant depuis trois mois
dans ses voyages, j'ai été placé au premier rang pour
l'entendre, le voir et l'étudier.

Le lieu de réunion est un théâtre, un casino, un
hippodrome. Des drapeaux tricolores cloués sur des
écussons rouges flottent aux murs, aux colonnes,
aux rampes des étages. Sur l'estrade, l'indispensable
tapis vert couvre une table, où s'alignent l'indispensable verre, l'indispensable carafe et l'indispensable
sucrier. Des chaises, des fauteuils se serrent l'un
contre l'autre, et, dans le fond, appuyé contre une
tenture de velours, comme abrité sous une voûte de
plantes vertes, un buste de la République sourit. Un
orchestre est installé à une galerie supérieure. Trois
ou quatre mille auditeurs s'écrasent dans l'enceinte,
et, quand un jardin entoure la salle qui parfois n'a
pas de cloisons, d'autres s'entassent encore sous les
arbres, mer houleuse dont on devine, à la clarté des
étoiles et au reflet des lumières, l'agitation sombre.
Il y a là pêle-mêle les costumes les plus divers. Le
veston ouvert sur la chemise de flanelle touche la
jaquette correcte, et la fourrure de la dame frôle le

faux astrakan de la petite bourgeoise et le tablier de la femme du peuple. Des casquettes d'ouvriers s'aplatissent à côté de hauts de forme et de chapeaux ronds. Toutes les classes sont mélangées, tous les âges aussi, car les cheveux blancs n'y sont pas plus rares que les chevelures blondes ou brunes des jeunes gens. Un jour même, à deux pas de la frontière allemande, on ne vit que des centaines de tisseurs, de forgerons, de paysans à la figure cuite par le soleil des campagnes et le feu des ateliers, accourus de tous les villages voisins. Souvent, quand on n'a pu trouver une grande salle quelconque, les sièges manquent absolument. Indifférent à la fatigue, debout sur le plancher de terre battue ou de carrelage, on attend l'orateur.

La *Marseillaise* retentit. A travers la foule qui s'écarte, dans un tonnerre d'applaudissements, M. Jules Lemaître gagne la tribune. L'hymne national terminé, il s'assied, pour laisser à ceux qui sont venus l'entendre le loisir de calmer leur enthousiasme. Peu à peu un silence profond succède à cette tempête de vivats.

M. Jules Lemaître se lève. Il a quitté son veston de voyage et a revêtu une redingote dont il boutonne régulièrement les deux ou trois premiers boutons. La rosette de la Légion d'honneur met sur le revers de soie une petite tache rouge et ronde. Le lorgnon, retenu à la boutonnière par un large cordon noir, se cache dans la poche de la poitrine. Très droit, il tient à la main des feuillets de papier. De nouveau des bravos éclatent, des acclamations ébranlent l'air : il courbe la tête, il se penche à demi sur la table, et, comme il est un peu ému, ses paupières clignotent. Nul bruit maintenant. Tous les regards sont fixés sur lui. Il se redresse et il prend la parole.

M. Jules Lemaitre n'improvise pas. Au contraire des ordinaires orateurs politiques qui, aidés par une vieille habitude et excités par le plaisir dangereux de se confier aux hasards de l'éloquence, évitent de rester court par la répétition de la même pensée sous deux, trois et quatre formes diverses, par des périodes riches en incidentes et propres à une secrète réflexion, par des métaphores et des périphrases reposantes, il lit son discours. Du moins le lisait-il dans ses premières conférences. Aujourd'hui, il le récite plutôt qu'il ne le lit, n'utilisant ses feuillets toujours gardés entre les doigts qu'aux minutes rares où sa mémoire le trahit. La voix est admirable, claire, nette, chaude et vibrante. Rien n'est perdu ou négligé : il n'est pas jusqu'au moindre signe de ponctuation auquel elle ne donne, avec une science infinie de la nuance, toute sa valeur, s'arrêtant une seconde, une demi-minute, une minute entière, afin de souligner chaque intention et de faire comprendre une parole qui, dite trop vite, risquerait peut-être de n'être pas saisie comme il faut qu'elle le soit. Peu de gestes. Le corps, le plus souvent, reste penché. La main droite, par exemple, inlassable, scande sur la table, des doigts complètement tendus, chaque phrase, d'un mouvement rythmique, sans heurt. Aux moments d'emportement, elle se ferme et frappe le bois de coups secs, et saccade et martèle, pour ainsi dire, les mots qui eux-mêmes se hâtent, se précipitent, comme rejetés par une indignation trop longtemps contenue et qui s'épanche avidement. Prononce-t-il une phrase plus ample, plus large que les autres, le bras s'étend, demeure un instant tendu, puis retombe, tandis que la voix prolonge les dernières syllabes... Parfois la langue sort et mouille les lèvres desséchées. Les yeux, petits, brillent étrangement, sans cependant cesser de percevoir tout ce qui se passe et de tenir, par une sorte de magnétisme, les auditeurs sous leur domination. Les paupières clignotent toujours. Si un interrupteur arrête d'un mot le discours commencé, malgré les clameurs qui désapprouvent, M. Jules Lemaître relève la tête, campe son lorgnon sur le nez, boutonne cette fois le dernier bouton de sa redingote et, sans lâcher ses papiers, avec ce regard particulier aux myopes qui semble glisser par-dessus les verres du binocle, il cherche à distinguer la figure du manifestant. Le manifestant se tait ou disparaît. Le lorgnon dégringole et pend sur la redingote. M. Jules Lemaître avale un verre d'eau, se penche de nouveau, continue, termine.

Les applaudissements alors retentissent. Toute la salle est debout, criant, claquant des mains, trépignant. Les chapeaux, brandis au bout des cannes, sont balancés, secoués, puis un ban formidable s'ajoute aux vivats. La brise légère apporte du dehors, semblable à un écho de vagues invisibles, la rumeur de ceux qui ne sont pas entrés, et qui grandit, s'apaise, renaît, et grandit encore. Lui, à la fois ému, surpris et gêné, les yeux baissés, il salue. Il a parlé selon sa conscience, et sans doute il s'étonne qu'on le remercie d'un acte si naturel par un tel triomphe. Il se rassied. L'ovation, loin de cesser, recommence. Il se relève et, un peu voûté, le bras à moitié déplié contre le corps, comme pour s'excuser et demander grâce pour son humilité, il salue encore.

Maintenant il faut sortir de la salle, et regagner l'hôtel. Dans la rue, à l'ordinaire, deux à trois cents anarchistes, aux faces patibulaires, armés de gourdins et munis de sifflets, attendent M. Jules Lemaitre. A la faveur du crépuscule, si la réunion a eu lieu dans l'après-midi, ou de la nuit, si elle a eu lieu le soir, on pourra peut-être faire « de la bonne ouvrage ». M. Jules Lemaitre ne s'en inquiète pas. Il éprouve pour le danger cette particulière affection faite de curiosité et de plaisir, propre aux hommes de solidité corporelle faible, mais de grande énergie morale. Sa délicatesse native goûte à le braver un subtil et orgueilleux contentement. Cet amoureux des fumées bleues du tabac, à peine levé de son fauteuil, tire son étui et allume une cigarette. Il assujettit son lorgnon et se confie à la foule.

Le sceptique délicieux qui fut naguère parmi nous comme le fils de Renan, l'écrivain charmeur dont la claire intelligence se refusait à admettre tout jugement absolu, le précieux psychologue du *Pardon* et de l'*Aînée* s'en va au milieu d'amis inconnus, frustes toujours, de mise dépenaillée souvent, symbolisant ainsi l'alliance fraternelle de la pensée et de la force. A Marseille, des chauffeurs du port, le visage noir de charbon, les habits gluants de suie, l'accompagnèrent jusqu'à sa voiture bras dessus bras dessous. A Toulouse, comme sur l'ordre de la police les conférenciers quittaient le Casino où l'un des leurs avait reçu deux coups de couteau, un jeune polisson se lança vers M. Jules Lemaître, tandis que celui-ci s'arrêtait sur la chaussée pour rallumer sa cigarette éteinte. M. Jules Lemaitre ne bougea pas, sa cigarette seule le préoccupait, et ce fut un de ses compagnons qui éloigna l'obscur ennemi. A Belfort, son éternelle cigarette aux lèvres, il marchait gaiement, causant et chantant, sous les mottes de terre envoyées par des Allemands naturalisés et les filles de la garnison. Si par hasard les manifestants tentent une attaque plus violente et qu'il faille se frayer un passage à travers leurs rangs serrés, bravement, avec ses partisans, M. Jules Lemaitre fonce. Il répugne d'ailleurs aux moyens dilatoires et prudents et il est le premier à vouloir, en payant de sa personne, conquérir la liberté de la rue. A bien y réfléchir, il ne faut peut-être pas tant s'étonner de cet amour du péril. Cet esprit, toujours si avide de ce qui peut l'enrichir, ne devait-il pas ici encore avoir de l'inclination pour les sensations si nouvelles que lui révèle la vie publique. Alcibiade, lui aussi, était un délicat.

M. Jules Lemaitre n'est pas un politicien. Son dédain de tout mandat législatif le montre suffisamment, mais plus et mieux que tout, son discours politique, la manière dont il est composé, écrit et récité le prouve. On pourrait l'appeler justement le « grand agitateur » et il faudrait remonter jusqu'à la célèbre « campagne des banquets » pour retrouver une agitation pareille à celle dont il est l'incessant créateur. Vous chercheriez vainement dans toute cette conférence les banalités pompeuses et les lieux communs dont les représentants du peuple s'enivrent jusqu'à la pâmoison, sans y croire le moins du monde, du reste. Vous n'y trouveriez pas non plus l'impropriété des termes, le vague des expressions et parfois l'incorrection qu'on remarque sans trop de labeur dans les proclamations électorales. Ce lettré a porté dans un domaine étranger à la littérature son souci d'une composition logique et d'une écriture limpide et nette. Depuis le premier paragraphe où il déclare son parti profondément républicain jusqu'au dernier où il en appelle à l'union de tous les bons citoyens, chaque phrase découle de la précédente rigoureusement, sans qu'il y ait du premier point au second et du second au troisième la moindre transition factice. L'attention est comme guidée et éclairée à mesure qu'on avance, charmée en même temps par la belle clarté de la langue et amusée parfois par de spirituelles saillies.

Tandis que les démagogues habituels tirent souvent des grossièretés et des injures leur plus puissante action, lui, maître dans l'art d'instruire, de plaire et d'indigner, il semble ne poursuivre aucun effet, et il les atteint tous. L'écrivain nourri des classiques n'a pu disparaître. Tout au contraire, jamais il n'a été plus visible, et ceux qui l'écoutent s'en rendent compte sûrement. Il n'est besoin, pour convaincre la foule, ni de brutalités ni de rudesses. Elle aime ce qui est simple et juste, et comprend toutes les finesses. C'est là ce qui explique, en outre des opinions qu'il expose, le succès qu'il rencontre. Ses auditeurs enchantés lui sont reconnaissants de la peine qu'il prend à leur bien parler. *Fortiter pugnant*, a dit à peu près de nos ancêtres un ancien ; mais il ajoutait encore : *Argute loquuntur*. M. Lemaître s'en souvient.

.·.

Verrons-nous revenir à ses premières études celui dont le talent avait conquis tant de sympathies ? Beaucoup le voudraient. Pour lui, je ne l'ai jamais entendu regretter les années écoulées, les succès du livre, ou les succès du théâtre. Même à ces heures, où chez les autres les volontés les plus fermes se détendent, où les plus secrètes pensées s'enfuient, nulle parole ne lui est échappée qui permette à ce sujet la plus petite supposition. Ne nous étonnons pas de cet entêtement chez un homme célèbre naguère pour son scepticisme. Il ne faut jamais dire du mal des sceptiques. Ils conservent cachés en eux-mêmes des trésors de bonté et d'activité, et leur ironie n'est souvent que le masque d'une sensibilité trop vive qui se protège et de croyances profondes qui se défendent. Avec prudence ils se tiennent longtemps éloignés de tout ce qui pourrait les disperser sans utilité, et ils semblent n'être que des contemplateurs qui s'amusent et se distraient à la comédie sans cesse changeante du monde. Un jour vient cependant où ils abandonnent ce rôle sans danger. Une grande cause les a émus. Alors ils se jettent dans la lutte avec une ardeur ignorée de ceux-là mêmes, de ceux-là surtout qui ont toujours été des convaincus. Ils y apportent une jeunesse que seuls ils peuvent posséder, car seuls ils ont eu la sagesse de ne point se gaspiller dans des combats mesquins. De cette vérité je ne sais pas de plus probant exemple que celui de M. Jules Lemaître.

PAUL ACKER.

(Extrait de la *Revue Bleue*
du 29 mars 1902.)

II

LE PRÉLUDE

Il n'est pas besoin ici de rappeler comment et quand est née la Ligue de la Patrie Française. Trois grandes conférences consacrèrent à Paris en 1899 sa fondation, la conférence de Jules Lemaître qui en est le programme complet, celle de Maurice Barrès sur l'Alsace et la Lorraine et celle d'Albert Vandal.

La conférence est un moyen de propagande, le meilleur peut-être de tous. Il fallait donc faire des conférences en province, pour gagner et grouper tous ceux qui ne demandaient qu'à s'unir. Le 3 avril 1900, un dimanche, M. Jules Lemaître se rendit à Orléans : c'était la première étape de ce voyage qui un an plus tard devait le mener à travers toute la France. Le 23 décembre il était à Grenoble, et prononçait devant près de trois mille auditeurs un important discours. 1901 arrivait : le 17 mars il était à Lyon. On sait ce qui s'y passa.

— M. Augagneur, raconte M. Jules Lemaître, et la Ligue des droits de l'Homme avaient juré d'empêcher la conférence de la Patrie Française. Ils avaient envoyé à leur adhérent un imprimé ainsi conçu : «M. Jules Lemaître vient faire une conférence à Lyon. Nous vous invitons à vous y porter en masse afin d'assurer la liberté de la contradiction.» Et ils avaient en outre fabriqué et distribué 2,000 fausses cartes d'invitation à ma conférence.

Heureusement, nos amis de Lyon, aussi ingénieux que braves, avaient déjoué la fraude en ménageant dans les cartes envoyées par eux une particularité typographique qui avait échappé aux contrefacteurs. Si bien que les fausses cartes ont pu être reconnues facilement et refusées par nos commissaires. Moyennant quoi, et aussi grâce à l'énergie de nos gardiens qui pendant la conférence ont repoussé vingt fois l'assaut des partisans, du maire Augagneur, du député Krauss et du conseiller municipal Appleton, nous avons pu parler, M. de Marcère et moi, sans être interrompus un moment.

Après la conférence, nous nous jetons dans un fiacre avec deux amis robustes. Les bandes poursuivent la voiture ; le cocher met son cheval au galop ; le cheval s'abat au détour d'une rue. Nous descendons. M. de Marcère et l'un de nos guides se retirent tranquillement sous une porte cochère. Je me dispose avec notre autre compagnon à regagner à pied l'hôtel Bellecourt. Mais les bandes nous ont rattrapés, bandes composées de jeunes gens dont les uns ne sont certainement pas encore électeurs et dont les autres peut-être ne le sont plus.

Ces chevaliers du ministère nous entourent et nous suivent avec des cris désobligeants et des gestes de menaces. Cela n'est rien. Je ne puis les croire capables de se ruer à deux ou trois cents sur deux hommes isolés. Au bout de quelques minutes, nous rencontrons un tramway en marche. Nous nous hissons comme nous pouvons sur le marchepied. C'est à ce moment que je reçois par derrière sur la tête (j'avais un chapeau mou) un fort coup de canne, cependant que notre ami Coutant qui nous avait rejoint détourne de ma nuque un poing muni d'un os de mouton. Notez que je n'avais aucune arme, pas même un parapluie.

Nous voilà donc dans le tramway. Les amis de

M. Waldeck brisent quelques vitres à coups de pierres. Des femmes poussent des cris. Mais le tramway laisse enfin derrière lui mes agresseurs, et nous dépose à la porte de notre hôtel.

La réunion de l'après-midi avait été extrêmement chaude. L'effet du coup de canne et des autres interventions des églantinards fut de rendre plus chaude encore, plus véhémente, plus enthousiaste la réunion du soir, un banquet populaire à quatre francs par tête. Nous avons laissé à Lyon 4,000 amis dévoués, résolus à agir (non à coups de canne ou d'os de mouton), 4,000 hommes dont chacun en vaut dix, 4,000 hommes qui en rencontreront des milliers d'autres, qui dès aujourd'hui s'organisent en comité et qui vont faire de bonne besogne.

Après le coup de bâton, les coups de couteau. A Toulouse, le 2 juin, comme la conférence commençait, une bande d'anarchistes de préfecture, après avoir forcé la porte de la rue, attaquent le rideau de fer qui ferme la salle. Quelques-uns de nos amis se précipitent pour leur tenir tête. Les projectiles de toute sorte tombent. Un gamin de vingt ans, doué d'une force colossale, empoigne une poutre oubliée contre le mur et en use comme d'un bélier. Le rideau se déchire et la poutre fend le visage d'un ouvrier. Deux coups de revolver éclatent. Paul Coutant reçoit au poignet deux coups de tranchet. Alors, apparaît au fond de la salle, un commissaire de police suivi d'une troupe d'agents, escortés par les agresseurs que renforcent quinze employés de la mairie de Toulouse et un professeur du lycée. Le commissaire monte sur l'estrade et dit à M. Cavaignac : « Je suis obligé de dissoudre la réunion. — Pourquoi? nous sommes une réunion privée. Aucun désordre ne s'est produit dans la salle avant votre entrée. — Je suis obligé de vous dissoudre. — Votre devoir est de nous assurer la liberté de réunion. Cela vous est facile si vous le voulez. — Je ne puis pas. — Vous manquez à votre devoir. Le nôtre est de ne céder qu'à la force. »

Au milieu d'un tapage assourdissant, les agents font évacuer la salle, puis l'estrade. Nous sortons les derniers, M. Cavaignac, M. Lemaître et les membres de la Patrie française, et nous gagnons à pied l'hôtel, entourés et acclamés par quelques centaines de braves gens.

Ce fut là, en quelque sorte, la première période de la campagne nationaliste à travers la province. La conférence de Nancy, en décembre 1901, ouvrit la seconde période, celle que l'on pourrait plus proprement appeler la période électorale. C'est de celle-là surtout que nous avons voulu conserver le souvenir.

NANCY

M. JULES LEMAITRE M. GODEFROY CAVAIGNAC
GÉNÉRAL MERCIER

Nancy, 1er décembre 1901.

La réunion d'aujourd'hui marque une étape déci-
sive dans le grand mouvement politique dont les
directeurs de la Patrie Française ont pris l'initiative et
la responsabilité devant le pays. Elle a eu, une importance exceptionnelle, tant par les choses qui y ont
été dites que par la qualité des personnalités pré-
sentes.

En effet, lorsqu'à une heure et demie M. Jules
Lemaitre est apparu sur l'estrade de la salle Poirel,
entouré du général Mercier, de MM. Cavaignac,
Charles Bernard, Brice, Gervaize, Ferrette, députés,
il était accompagné des délégués de toutes les communes des trois départements : Meuse, Meurthe-et-
Moselle et Vosges. Dès lors, la fédération de la fron-

tière était virtuellement faite et allait s'affirmer encore par la suite, sous l'enthousiasme d'une assemblée de trois mille citoyens appartenant à toutes les classes de la société et qui communièrent spontanément dans un même sentiment de ferveur nationale.

M. Jules Lemaître se lève Je n'ai pas à résumer ce beau et noble discours qui, après avoir établi le bilan du ministère actuel, expose les réformes nécessaires et urgentes qu'il faut à tout prix tenter. Mais je voudrais évoquer à vos yeux cette attention passionnée qui immobilisait les visages, cette confiance fière des regards obstinément fixés sur l'orateur ; je voudrais vous faire entendre ces interruptions enthousiastes, ces cris sonores de : « Vive l'armée ! A bas André ! A bas Millerand ! Vive la liberté ! Vive la République ! » qui à chaque instant interrompaient les phrases prononcées ; je voudrais vous faire entendre cette voix claire, martelante, ardente qui cinglait nos gouvernants et ajoutait à l'énergie des mots la grâce et l'ironie des images, et enfin je voudrais que vous puissiez vous figurer un moment, quand Jules Lemaître eut terminé, les hommes et les femmes de tout âge et de tout rang, debout, et, les mains claquant, les chapeaux agités, les cannes brandies dans une furie de concorde et de reconnaissance, jetant à plein gosier à celui qui venait de parler ses cris d'espoir et de louange, tandis que lui, un peu ému, mais charmé, s'inclinait modestement.

Jules Lemaître avait tracé tout le programme de la Patrie Française. M. Cavaignac, qui lui succéda, montra tout le danger et toute l'infamie de la campagne menée contre l'armée jusque par l'Université, qui devrait être au contraire la gardienne vigilante du patriotisme. La lecture qu'il fit de quelques conférences dont les auteurs sont des professeurs fut un triste exemple de la folie de ces égarés.

Sur un ton amical de familière conversation, le général Mercier, prenant la parole après M. Cavaignac, exhorta les Nancéiens, fils d'une terre de sacrifice et de luttes, sans cesse tenue en éveil par la proximité de l'ennemi vainqueur, à aller à la bataille électorale avec le même entrain que jadis ils défendirent la frontière menacée.

Les derniers applaudissements mouraient quand, un peu bedonnant, un petit homme aux yeux vifs, aux cheveux grisonnants, tranquillement, les mains dans les poches, en se promenant sur l'estrade, vint dans une langue pittoresque et nerveuse railler les ministres. Il eut un succès fou. C'était le député de Bordeaux, Charles Bernard.

Après quelques remerciements du frère du général Mercier, la séance est levée.

Mais le public voudrait rester encore. Il acclame avec une persistance touchante les orateurs qui, tout à l'heure, répondaient si magnifiquement à ses sentiments intimes, et lorsque M. Jules Lemaitre quitte la salle Poirel avec ses vaillants compagnons de lutte, la foule, une foule de plus de trois mille personnes, veut l'accompagner jusqu'à son hôtel. Dans la rue, l'affluence grandit ; les cris de : « Vive la France ! vive l'armée ! » partent de toutes les bouches, et lorsque l'immense cortège arrive sur la place Stanislas, il faut fermer les portes du Grand Hôtel pour arrêter la foule qui veut s'y engouffrer à la suite des protagonistes de la Patrie Française.

Cette émouvante accolade, donnée par le peuple lorrain à ceux qui tout à l'heure ont fait vibrer son âme, est d'une admirable simplicité ; il y a là certainement, autre chose qu'un incident électoral, qu'une manifestation politique. Il y a eu, et je l'ai senti profondément, la preuve que lorsqu'on peut parler de la France à des Français, ceux-ci sortent de la léthargie officielle, grâce à laquelle les sectaires ont jusqu'ici réussi à gouverner.

MARSEILLE

M. JULES LEMAITRE, M. GODEFROY CAVAIGNAC,
M. SYVETON, M. DAUSSET.

22 janvier 1902.

Avant d'entrer dans le détail de l'imposante manifestation patriotique que MM. Jules Lemaitre et Cavaignac ont tenu à honneur de présider, il est nécessaire de relater brièvement à quelles manœuvres sont descendues les coteries de défense républicaine et leur ministère, pour essayer de la faire échouer. Alors qu'il y a trois jours, le *Petit Provençal*, organe attitré du maire internationaliste et du gouvernement, déclarait qu'il fallait laisser les patriotes pérorer en famille, le même journal, obéissant sans doute au nouveau mot d'ordre, changeait, hier, brusquement le front de ses batteries, et écrivait textuellement :

« Pour assurer au directeur de la Patrie Française

et à l'homme du faux Henry une salle digne d'eux, les Jésuitières se sont mises à l'œuvre. On a battu le rappel dans les cercles catholiques et l'on s'est livré à un embauchage soigné dans les salons à la mode et sur les quais. Car, selon un vieil usage bonapartiste, on a voulu une fois de plus faire l'injure à nos ouvriers des ports de croire qu'on pouvait les louer à tant par tête pour cette besogne qui n'a rien de bien patriotique. Les louches entrepreneurs qui se sont livrés à cet embauchage s'apercevront qu'ils en auront été pour leurs frais. Le parti avancé sait ce qu'il a à faire en présence de cette audacieuse manifestation réactionnaire, que l'on a, paraît-il, l'intention de renouveler prochainement. Il saura démontrer que la vieille cité marseillaise entend demeurer fidèle à son passé démocratique, et qu'elle est prête à répondre à toutes les provocations. »

Puis, dans le même numéro, des appels étaient insérés, convoquant d'urgence tous les groupes révolutionnaires de Marseille, parmi lesquels le « Tocsin révolutionnaire », la « Défense républicaine » et la « Carmagnole », avec mandat de délibérer sans retard sur la conférence de la Patrie Française, à laquelle les bandes gouvernementales étaient invitées à s'opposer par tous les moyens possibles. L'un de ces groupes profita même de sa réunion pour voter au général André des félicitations, à l'occasion de son attitude dans l'interpellation Cunéo d'Ornano. Le général André félicité par le « Tocsin révolutionnaire » et par la « Carmagnole », voilà de quoi rendre fière l'armée, dont cet ancien lieutenant de la garde impériale est le chef provisoire !

En dépit de ces menaces, le comité de la Patrie

Française à Marseille montra, dans la distribution des cartes, une générosité telle qu'il n'est pas exagéré de dire que la conférence de ce soir sera bien plus publique que privée. Un grand nombre d'ouvriers, notamment, ont reçu des invitations, et M. Dupuy, maître portefaix du port de Marseille, qui jouit ici de l'estime générale, a voulu figurer sur l'estrade de la salle Valette à côté de M. Jules Lemaitre.

.˙.

Dès huit heures du soir, la rue Paradis, au sommet de laquelle se trouve le théâtre Valette, est envahie par une foule considérable. Le commissaire central, qui dirige le service d'ordre, dit à haute voix à ses hommes que la consigne est de n'intervenir sous aucun prétexte et de laisser faire. On sait ce que parler veut dire.

MM. Jules Lemaitre et Cavaignac, accompagnés de MM. Dausset, président du conseil municipal de Paris, Le Corbelier, délégué de la Patrie Française, qui a présidé à tous les détails de l'organisation de la réunion ; Gabriel Syveton, du général Bertrand et de tous les comités du Midi, se présentent aux portes et pénètrent dans un cabinet d'attente. Au dehors la foule s'allonge et s'impatiente, tandis que l'immense salle du théâtre Valette est déjà comble.

Un public extrêmement bigarré se presse aux places avancées : énormément d'ouvriers et de petits bourgeois, tandis que, dans les loges, se détachent de charmantes silhouettes de femmes et de jeunes filles en toilettes claires. Le coup d'œil est charmant ;

c'est un mélange piquant et original de toutes les classes de la société.

M. Cavaignac déclare la séance ouverte et donne la parole à M. Jules Lemaître.

De la place où je suis, je ne vois que des têtes, par centaines, fixées par l'attention la plus vive. Puis tout d'un coup les mains battent, les vivats éclatent. Puis de nouveau le silence reprend, plus profond, plus impressionnant encore dans ce vaste vaisseau que remplissent les enfants du Midi. C'est un triomphe, et le sourire heureux qui, aux minutes de repos, plisse la bouche de l'orateur, m'en est un sûr garant. Chaque mot, surtout, qui peut paraître une allusion à Marseille soulève une tempête de bravos, et quand Jules Lemaître remercie les femmes de leur absolu dévouement à la cause nationale, quel chevaleresque enthousiasme !

M. Jules Lemaître reprend le programme qu'il a déjà développé à Nancy, en y ajoutant quelques lignes plus particulières à Marseille.

« La Patrie Française, dit-il en débutant, est une ligue républicaine sans ambages, sans réserves, sans arrière-pensée. Je vous dis cela parce qu'il se peut qu'on nous connaisse mal ici, tant les journaux ministériels ont entassé contre nous d'accusations mensongères. C'est donc avec confiance que nous sommes venus dans la seconde ville de France. Dans cette ville si aimable, si cordiale, d'une si belle lumière on doit aimer la netteté et la sincérité des discours. Oui, Messieurs, j'espère que vous me croirez, non seulement vous qui êtes dans cette salle, mais beaucoup de vos compatriotes qui n'y sont pas, parce que vous savez bien que je n'ai aucun intérêt personnel à mener la vie que je mène depuis trois ans. Vous sentirez que je vous parle sincèrement, en homme préoccupé du bien de la patrie et si, peut-être, vous n'êtes pas de mon avis sur tous les points, vous me ferez du moins l'honneur de réfléchir un peu sur ce que je vous aurai dit.

M. Jules Lemaître flétrit ensuite l'oligarchie intolérante et avide qui exploite la France et, s'appesantissant davantage sur les maux sociaux dont a souffert Marseille, il évoque la hideur du déficit et en termes précis et forts démolit le collectivisme. Il cherche alors le remède et le trouve dans la réforme électorale que vous connaissez. Il termine ainsi : « Marseille a récemment souffert des erreurs et des lâchetés d'un gouvernement antinational, l'ami des sans-patrie. Les plus modestes citoyens ont reconnu qu'ils n'avaient rien gagné à croire les marchands de mensonges. Pour nous, nous ne sommes rien ici par nous-mêmes, mais nous avons conscience de représenter les vrais sentiments de presque tout le peuple de France. Comme la belle Gyptis à Euxène, que la brillante Marseille tende à tous les Français, dont nous sommes auprès d'elle les interprètes, la coupe de fraternité et de commune espérance.

Quand il eut terminé, M. Jules Lemaître dut se lever et recevoir debout, à deux reprises, les hommages ardents de toute une salle unie dans le même élan de gratitude et de sympathie.

M. Cavaignac prit alors la parole. Il retrouva ici le même succès que récemment à Nancy. Arrêté une seconde par un assistant qui lui reprochait de n'avoir pas dévoilé plus tôt le faux Henry, il répondit si franchement, si logiquement, en montrant combien il recherchait alors la vérité, que l'interrupteur dut s'en aller sous les sifflets et les huées.

Après avoir montré le développement des doctrines antinationales, M. Cavaignac définit, en relevant les incidents des dernières séances de la Chambre, l'œuvre de désorganisation militaire. A l'époque qui a suivi le procès de Rennes, on a proclamé qu'il était indifférent de connaître les projets et les préparatifs de l'ennemi et d'avoir un bureau de renseignements. En même temps on frappait des chefs dont l'attitude avait été pleine de correction, livrant ainsi en pâture au parti international l'autorité même. Ensuite est venue une période moins criante, mais aussi dangereuse. On a livré au Parlement l'avancement des officiers, et lorsqu'un député, l'autre jour, a proposé à la Chambre de répudier au moins les procédés de délation du général André, la majorité s'est refusée à signer un ordre du jour qui aurait paru un désaveu de la politique ministérielle.

M. Cavaignac examina alors la situation politique et releva le défi que le discours de Saint-Étienne a adressé à l'opposition nationale. La politique qu'il soutient est claire cependant. A l'idée nationale menacée et compromise, il offre le concours absolu de tous ceux, qui ont lutté pour fonder la République. Les alliances équivoques sont du côté gouvernemental, et le parti au pouvoir le sent si bien qu'il n'ose pas, à la veille des élections, présenter aux électeurs un programme directeur, et se contente de chanter l'apologie d'une œuvre qui date d'hier.

A dix heures et quart, son discours est terminé. Cinquante ouvriers se proposent pour escorter au dehors Jules Lemaître et Godefroy Cavaignac. La police du maire ayant refusé d'assurer l'ordre dans la rue, ce sont les gendarmes à cheval qui refoulent les cosmopolites et les nervis, et ceux-ci navrés, songent à se consoler vers minuit en promenant sur la Cannebière leurs figures sinistres.

ROUEN

M. JULES LEMAITRE, M. GODEFROY CAVAIGNAC
M. SYVETON

26 janvier 1902.

A peine revenus de Marseille, voici Jules Lemaître et
Godefroy Cavaignac à Rouen, dans la vieille capitale
normande, si riche en souvenirs de luttes glorieuses,
où demeurent, noircis par le temps, des murs, des
tours, des remparts qui subirent l'assaut incessant de
l'ennemi. Un monument — peu esthétique, hélas ! —
se dresse au lieu où mourut, pour la patrie, la Pucelle.
Le cœur de la France ne bat-il pas ici aussi vite qu'à
la frontière ?

Ce matin, une délégation de femmes est venue
souhaiter bon accueil aux conférenciers descendus
dans la maison du docteur Boucher, président de
section de la Patrie Française ; maintenant, ils sont,
tout au bout de la ville, dans un cirque immense, dont

une foule compacte emplit les gradins. A côté d'eux, sur l'estrade, se trouvent, outre le docteur Boucher, MM. Vallet, Vargnier et les autres délégués de la région, Noilhan, Syveton, Lecorbeiller, Bonnamour. M. de Montfort, sénateur, s'est excusé. Tous les journaux de Rouen sont représentés.

A peine les orateurs se sont-ils montrés que les applaudissements éclatent de toutes parts, unis à des cris et à des vivats. Le bruit évanoui, M. Lemaître se lève et prend la parole. Il est trois heures de l'après-midi.

« C'est avec joie, messieurs, dit-il, que nous sommes venus dans votre belle ville. Nous pouvons dire avec Victor Hugo :

Amis, c'est donc Rouen, la ville aux vieilles rues,
Aux vieilles tours, débris des races disparues,
La ville aux cent clochers, carillonnant dans l'air,
Le Rouen des châteaux, des hôtels, des bastilles,
Dont le front terminé de flèches et d'aiguilles,
Déchire incessamment les brumes de la mer.

» C'est avec confiance aussi que nous sommes venus. Une si vieille cité doit garder, mieux qu'une autre, les antiques traditions françaises de raison et de liberté. Le Normand est célèbre pour son bon sens; il est célèbre aussi, surtout dans le voisinage des côtes, par un esprit aventureux qui implique courage et grandeur d'âme. Michelet appelle vos ancêtres d'héroïques coureurs, de profitables aventuriers. Ils sont tout entiers dans cette formule. Votre Corneille lui-même, a, tout à la fois, l'esprit d'un homme d'affaires subtil et l'âme d'un héros. Vous nous écouterez, messieurs, parce que nous faisons appel à votre sens politique et à la sincérité de vos sentiments. »

Convaincu, à juste titre, qu'il est des vérités qu'il faut sans cesse répéter pour les enraciner dans l'esprit de ceux qui les entendent, Jules Lemaître fait alors, une fois de plus, le procès du gouvernement actuel. Il montre le nationalisme en face de l'internationalisme, il accuse la franc-maçonnerie comme le véritable péril clérical, il souligne l'utopie perfide du collectivisme, il explique le déficit et raille M. Caillaux de sa joviale tranquillité, il développe son plan de réforme électorale. Et, tandis que sa parole, si claire, si précise, si prenante, si frémissante, soulève à chaque instant des tempêtes de bravos, je regarde ces trois milliers d'auditeurs. Il y a là, pêle-mêle, les costumes les plus divers. Le veston boutonné sur la chemise de flanelle voisine avec la jaquette élégante, et la fourrure de la dame frôle le faux astrakan de la petite bourgeoise et le tablier de la femme du peuple. Des casquettes d'ouvriers s'aplatissent à côté de hauts de forme et de chapeaux ronds. Toutes les classes sont mélangées, tous les âges aussi, car les cheveux blancs n'y sont pas plus rares que les chevelures blondes ou brunes des jeunes gens. Un brave homme tient sa petite fille sur ses genoux ; elle a bien dix ans, et elle applaudit de toute la force de ses frêles menottes.

Et comme tout ici est compris, par ces auditeurs sages, avisés et matois ! Rien ne leur échappe de la finesse, de la limpidité et du charme du discours qu'ils écoutent. Jamais encore je n'avais vu un auditoire aussi prompt à goûter, malgré ses différences d'instruction et d'éducation, tout ce qu'il y a de qualités si françaises dans l'éloquence de notre éminent président.

Jules Lemaître lit maintenant son dernier feuillet et il termine : « Votre Corneille a écrit : « Le pire des » États est l'État populaire. » Faites mentir, sur ce point, le grand poète, mais faites-le mentir en vous servant des leçons mêmes de cet incomparable professeur de patriotisme, de vertu, de désintéressement et d'énergie. »

Toute la salle est debout, et, les cannes brandies, les chapeaux agités, acclame le conférencier pendant plusieurs minutes. L'enthousiasme est aussi grand que l'autre mois à Nancy, et, en toute vérité, je ne pourrais, pour en donner une idée, qu'employer les épithètes dont je me servis alors.

M. Cavaignac remplace M. Jules Lemaître. Un quart d'heure s'écoule, et des dernières galeries tombe la même interpellation que mercredi dernier à Marseille. Elle est jetée par un homme gras et moustachu, un des chefs du parti socialiste à Rouen. L'ancien ministre de la guerre la relève avec la même loyale indignation, et l'interrupteur, hué et sifflé, quitte le cirque devant l'hostilité grandissante. M. Cavaignac reprend alors son discours. J'en retiendrai surtout le passage où il montre comment la loi des associations, au lieu d'être vraiment dirigée contre des congrégations qui peuvent être, en effet, à un certain moment, dangereuses pour l'État par leur puissance excessive, n'était entre les mains du gouvernement qui l'avait votée, qu'une arme équivoque et sournoise, propre à des fins différentes de celles qui l'avaient motivée. J'en retiendrai aussi le passage qui concerne la désorganisation systématique de nos forces nationales, sous le prétexte fallacieux de chimères humanitaires. Jules Ferry, lui aussi, sous l'Empire, avait rêvé d'une paix universelle. Le désastre de 1870 lui montra l'inanité de ces songeries de poète, et plus tard, après la guerre, publiquement, il désavoua ce que dans sa jeunesse ignorante il avait cru possible, conviant ceux qui avaient pensé comme lui à ne plus penser qu'à rendre désormais irréalisable le retour d'une invasion. Les lignes que lut M. Cavaignac obtinrent une unanime approbation. Dans ce pays, qui vit les régiments allemands, et dont un enfant, un de nos plus grands écrivains, Maupassant, a conté en nouvelles inoubliables les drames de la guerre, ces paroles ne pouvaient passer indifférentes.

A la fin de la réunion, le docteur Boucher remercie les orateurs et, profitant des scandaleuses perquisitions faites cette semaine par le gouvernement à l'œuvre laïque des Dames Rouennaises, qui soignent, infatigables, les cancéreux, convie les assistants à affirmer aux élections leur amour de toute liberté.

Par les vieilles rues, qu'assombrissait la nuit prochaine, tranquillement, en braves gens qui rentrent d'une promenade dominicale au milieu d'amis, les conférenciers regagnèrent l'hôtel de France où était préparé un banquet de cent cinquante couverts.

Au moment du départ du train pour Paris, la foule, qui escortait MM. Jules Lemaître et Cavaignac, envahit la gare et demanda que les deux orateurs de la Patrie Française parussent à la fenêtre du wagon. Aussitôt une manifestation émouvante se produisit aux cris de : « Vive Lemaître! Vive Cavaignac! Vive l'armée! » sortent de toutes les poitrines. A ce moment M. Ricard, député ministériel dreyfusard, monta dans le train, une bordée de sifflets déchira l'air. On cria : « A bas Ricard! A bas le ministère ! » Piquant contraste qui symbolisa admirablement cette belle journée.

LILLE

M. JULES LEMAÎTRE, M. GODEFROY CAVAIGNAC,
M. SYVETON, M. DAUSSET

3 février 1902.

Dans le train qui nous emmène, à travers le brouillard, vers la capitale de la Flandre, une note d'un journal du Nord, le *Progrès*, nous tombe sous les yeux. Le rédacteur adresse un chaleureux appel aux francs-maçons et les supplie de barrer la rue, ce soir, aux conférenciers. Il paraît, dit-il dans son langage imagé, que la Patrie Française va s'emparer de l'Hippodrome. « Aux armes ! » s'écrie-t-il. Deux heures plus tard, nous débarquons à Lille. Dans la salle de la gare se pressent, autour du comité local, deux à trois cents amis ; soudain, un cri s'élève, un chapeau vole en l'air, une canne s'agite, un journaliste du *Progrès*, à longs cheveux noirs de poète décadent, vient de conspuer les arrivants. Une lutte s'engage, on bouscule le manifestant, on le repousse et on le reconduit au dehors, à coups de sifflets, sans, d'ailleurs, lui faire le moindre mal. Aussitôt le calme renait. MM. Jules Lemaitre et Cavaignac, accompagnés de MM. Syveton, Dausset, Lecorbellier, Delsol, Coutant, Guyot de Villeneuve, George Bonnamour, entrent dans l'hôtel où les reçoivent MM. Cordonnier, Gayet, Vigniolle, Loison, Milat, Tournand, du comité de Lille, et les délégués de canton.

Un hippodrome immense où, de l'arène aux vitres du toit, la foule la plus diverse se presse et s'écrase; de grandes plantes vertes, des drapeaux, un buste de Marianne et, derrière, une tenture de velours rouge; des musiciens infatigables qui, en attendant les conférenciers, font résonner la salle de leurs accords : vraiment, je crois bien qu'il y a huit mille personnes, hommes et femmes, et un voisin prétend que je suis modeste. Du dehors, parviennent quelques cris que la police rend inoffensifs.

Qui reconnaîtrait maintenant ce paisible amphithéâtre, habitué aux mélodies des concerts dominicaux, et quel orateur a jamais amené ici, dans cette ville ouvrière, pareille affluence? La *Marseillaise* retentit; toute la salle se lève et, dans une clameur formidable, qui reprend sans cesse plus forte et que scande l'hymne national chanté par des milliers de voix, MM. Lemaitre et Cavaignac traversent le cirque et montent sur l'estrade.

M. Cavaignac donne la parole à M. Lemaitre. Moment impressionnant en vérité! Je n'ai jamais entendu pareils bravos; le département du Nord est en ce moment le plus méridional de la France. Rougissant, timide presque sous ces applaudissements,

M. Lemaître baisse la tête, laisse passer la tempête d'acclamations, puis le bruit diminuant un peu, il fait d'une voix nette et nerveuse les déclarations qui définissent la Patrie Française et salue la ville de Lille.

Vous connaissez dans ses parties essentielles ce discours à la fois si ardent, si clair, si spirituel, où il y a aussi toute la grâce limpide du génie français. Vous savez avec quel bonheur il dresse le procès du ministère et quel programme il expose. A chaque instant, les vivats partent des gradins et les rires fusent et les sourires plissent les lèvres. Pour tous ceux qui sont là, c'est à la fois l'expression forte et précise de leur sentiment et un régal littéraire. Le passage surtout qui concerne le collectivisme soulève l'enthousiasme. Je n'oublierai pas non plus les phrases où, examinant la réforme constitutionnelle, l'orateur la fit porter sur deux points : l'élection du président de la République par le plébiscite américain ou suffrage universel à deux degrés, et la responsabilité devant le président des ministres de la guerre, de la marine et des affaires étrangères.

M. Cavaignac se lève à son tour. On réclame la *Marseillaise*. La musique de nouveau retentit et les voix des assistants ébranlent la voûte. L'ancien ministre de la guerre explique le but de l'œuvre poursuivie par la Patrie française, la résistance à la désorganisation nationale, il montre l'imminence du péril, la guerre déclarée à l'idée de patrie et à l'armée, résolution énoncées il y a trois ans, à Lille même, au congrès socialiste.

Puis, s'engageant sur le terrain politique, M. Cavaignac examine quels sont les hommes qui osent lui reprocher ainsi qu'à ses amis de ne pas les suivre dans leur œuvre néfaste. Il montre que ce sont ceux-là mêmes qui vont conduire la démocratie française à la consultation des élections générales sans se donner même dans leur dédain superbe la peine d'esquisser un programme électoral et qui se contentent, lorsqu'ils parlent au pays, de lui apporter l'apologie discutable de leur œuvre d'hier. La déclaration par laquelle M. Cavaignac annonce publiquement que des décrets désorganisant l'état major général de l'armée sont imminents, doit être enregistrée et soulignée. Il ne faut pas oublier que c'est un ancien ministre de la guerre qui signale le danger dont notre système militaire est menacé, et je suppose que tous les patriotes accueilleront cette révélation avec la même émotion que les électeurs de Lille.

Dans une magistrale péroraison, M. Cavaignac exhorte les provinces du Nord à défendre l'idée nationaliste. L'enthousiasme reprend de plus belle et, après quelques paroles éloquentes de M. Gayet, président de la « Patrie Française », qui remercie au nom de la ville de Lille MM. Jules Lemaître et Cavaignac d'avoir fortifié et exalté le devoir patriotique, ceux-ci traversent toute la longueur du cirque, salués par les étudiants et les ouvriers.

— « Merci ! » leur crie-t-on de toutes parts.

Suivis de trois mille personnes, ils se rendent au Grand-Hôtel, où un punch d'honneur leur est offert par les représentants de la Jeunesse du prolétariat et de la grande industrie du Nord. Des toasts enflammés sont portés par M. Jules Lemaître, qui convie une fois de plus tous les Français à la résistance nationale; par MM. Cavaignac, Dausset, Gayet, Lecorbellier,

Coutant, le capitaine Guyot de Villeneuve — qui déclare avoir quitté l'armée afin de la mieux défendre et porter au peuple l'espoir et la confiance de ses chers camarades — et par le capitaine Fatou.

Dans la rue, l'animation est extrême. Devant le Grand-Hôtel, on chante des hymnes patriotiques. C'est le réveil de la nation. Les bandes de défense républicaine renoncent à la lutte et se cachent ; c'est la déroute.

Quelle reconnaissance devra le pays à M. Jules Lemaître, à M. François Coppée, à M. Cavaignac et à leurs amis, quand l'heure de la libération définitive aura sonné ! Si la justice immanente n'est pas un vain mot, nous n'attendrons pas longtemps cette heure là !

BORDEAUX

M. JULES LEMAITRE, M. GODEFROY CAVAIGNAC,
M. SYVETON

16 février 1902.

Pour ceux qui, comme moi, ont la bonne fortune
de suivre M. Jules Lemaître dans ses pérégrinations
patriotiques à travers la France entière, la personna-
lité si originale et si vivante de l'éminent président
de la « Patrie Française » donne matière à de saisis-
santes observations. J'ai visité, à la suite de M. Jules
Lemaître, l'Ouest et l'Est, le Nord, le Sud et le
Centre, et partout je l'ai retrouvé plein de sang-froid
et d'à-propos, modeste dans son attitude mais ferme
et décidé, ayant pour les populations auxquelles il
s'adressait le mot qui touche et qui subjugue, don-
nant toujours l'impression d'un Français s'adressant
à des Français au-dessus des petitesses habituelles
aux coteries politiques. Et quelle bonne humeur im-

muable, quelle gracieuse et naturelle bienveillance pour tous ceux qui l'approchent et sollicitent l'encouragement de sa parole !

Ce matin encore, en descendant du train à la gare Saint-Jean, par un de ces froids ironiques où il semble que le Midi mette son exagération native, je trouve M. Jules Lemaître frais, dispos, gai, tendant la main aux nombreux Bordelais venus pour l'accueillir, et déjà le charme a opéré. Les braves gens de la Gironde, après cinq minutes de conversation, ont l'illusion de parler à un compatriote et disent : « Il est de chez nous ! » Cette sympathie immédiate, ce courant amical, je les ai vus se manifester à Lille, à Marseille, à Rouen, partout où l'académicien patriote a souri, parlé et agi. Dans la lutte ardente qu'il soutient contre le gouvernement des cosmopolites, M. Jules Lemaître tient, comme on dit, le bon bout, car il manie le fleuret avec une aisance suprême, et c'est le sourire aux lèvres qu'il porte des coups terribles à un adversaire qui croit prolonger l'ivresse factice de ses partisans en négligeant d'accuser les coups de bouton.

Veut-on un exemple frappant de la crânerie qui singularise M. Jules Lemaître ? Il fallait choisir, à Bordeaux, une salle assez vaste pour contenir le nombreux public désireux d'écouter les prescriptions du maître. Seul le Palais de Flore réunissait les conditions de grandeur nécessaire, mais l'on fit observer à M. Jules Lemaître que cet énorme bâtiment, qui sert principalement de marché, était situé dans le quartier de Caudéran, un faubourg de Bordeaux exclusivement habité par la population ouvrière, et où se trouvent certains éléments collectivistes et anarchistes.

3.

— Qu'importe ! dit-il, le peuple est là ; c'est au peuple que nous irons parler !

Et sa volonté fut obéie, et c'est au centre même de l'agglomération ouvrière bordelaise que M. Jules Lemaître a tenu à venir dire pourquoi et comment il fallait délivrer la France du ministère de défense républicaine.

J'ajoute que cet acte de saine démocratie a été au cœur du peuple, et c'est parmi une foule d'artisans, d'ouvriers des ports, d'employés des chemins de fer, de travailleurs de toutes catégories, qui tous le saluaient avec une déférence touchante, que M. Jules Lemaître, entouré de MM. Gabriel Syveton et Delsol, délégués de la « Patrie Française » ; Spronck et Duval-Arnould, conseillers municipaux de Paris : des capitaines Guyot de Villeneuve et Andriveau, et du président de la conférence, M. Godefroy Cavaignac, s'est rendu à la salle du Palais de Flore, pour parler une fois de plus de la France en des termes dignes d'elle, devant plus de cinq mille électeurs.

M. Lemaître prit le premier la parole. Comme un bon bûcheron qui enfonce, avec force, dans un tronc noueux, le même coin, il répète dans chaque ville les mêmes vérités. L'influence que ce délicat écrivain exerce sur la foule est infinie. Il la tient dans sa main ; il la dirige ; il la conduit et il la charme. Il frappe son intelligence par la justesse de ses considérations ; il la ravit par son souci constant d'une belle langue claire et limpide ; il l'amuse par la finesse de ses saillies. Il aura été le premier à faire entrer le discours politique dans le domaine littéraire et à l'imposer à la masse, sous une forme d'art. Un intrus peut crier : « Vive la sociale! » ce cri ne le gêne, ni ne l'arrête ; il sourit et il continue, et puis, il sait si bien parler à ceux qui l'écoutent ! il sait si bien leur dire ce qui les touche !

Écoutez ce début : « Vous êtes une des grandes villes commerçantes de France. Vous devez avoir le sens des réalités et le sentiment des intérêts français. Vous êtes les compatriotes de Montaigne et de Montesquieu, vous devez avoir l'esprit indépendant et généreux et le goût de la liberté ; vous devez être très armés contre l'utopie et le mensonge et vous ne devez pas avoir l'intolérance des sectaires. Votre pays est celui des Cadets de Gascogne, vous ne devez pas craindre la bataille...

M. Cavaignac lui succéda. Après s'être félicité qu'on eût enfin porté devant la nation elle-même, par-dessus les partis et les hommes les questions politiques, il montra quelles préoccupations nouvelles avait suscitées la politique subie depuis trois ans. Nous voulons la paix sociale et jamais elle n'a été plus troublée. On a déchaîné la lutte des classes ; on a fomenté des grèves nombreuses et stériles pour les grévistes eux-mêmes ; on a créé l'insécurité financière et le malaise économique. Nous voulons la liberté et l'on dénonce les femmes des fonctionnaires qui pratiquent et le général André refuse des bourses aux enfants pauvres que les parents ont mis dans des établissements libres. Nous voulons une armée forte et, patiemment, on la désorganise ; les professeurs eux-mêmes, comme M. Buisson, en donnent l'exemple.

La conférence se termina au chant de la *Marseillaise*.

Mais voici le moment où j'ai le devoir de raconter le guet-apens avorté dans lequel le gouvernement a tenté d'attirer MM. Jules Lemaître et Cavaignac. Sans doute nos ministres de défense républicaine auront dit à leurs troupes : « C'est assez ! supprimez ces braves gens qui nous gênent ». Et voici très exactement ce qui s'est passé à la sortie du Palais de Flore :

Une foule de trois mille citoyens entouraient M. Jules Lemaître et son fidèle compagnon de la lutte, M. Cavaignac, qui, cédant aux sollicitations d'un peuple d'ouvriers et d'étudiants, avaient résolu de rentrer à pied à leur hôtel. Pour accomplir cette marche, il était nécessaire de franchir trois kilomètres, c'est-à-dire de traverser Bordeaux dans toute sa largeur. M. Jules Lemaître n'hésita pas et, prenant le bras de M. Cavaignac, il se mit en marche. Imaginez ces deux hommes poussés par une sorte de houle humaine ; aux fenêtres, les femmes jetaient des fleurs et souriaient. « Vive la France ! Vive l'armée ! Vive Lemaître ! Vive Cavaignac ! » criait-on partout, et, dans cette ruée formidable, nous nous sentions comme soulevés par l'enthousiasme d'une foule vibrante et chaleureuse.

Arrivés place Gambetta, sorte de carrefour auquel aboutissent cinq ou six avenues, nous apercevons, embusqués derrière des gardiens de la paix à pied et à cheval, quelques centaines d'anarchistes de gouvernement, qui semblaient attendre l'occasion favorable pour tomber sur la proie qu'on leur avait désignée ; puis, sur un signe venu on ne sait d'où, ces embrigadés de la défense républicaine franchirent facilement le cordon des agents, qui s'ouvrait devant eux, et tentèrent de se ruer sur MM. Jules Lemaître et Cavaignac.

Ces hordes, stylées à l'avance, montrèrent le poing aux orateurs, glissant peu à peu jusqu'à eux, au point que, saisis par la soudaineté de l'attaque, nous mîmes quelques instants à nous grouper autour de nos chers et précieux amis. Mais le premier moment de surprise passé, les braves gens ont pris facilement l'offensive et ont exécuté magistralement les sauvages qui eussent sans doute touché une forte prime s'ils avaient débarrassé le gouvernement d'adversaires par trop dangereux.

D'autres tentatives furent faites pour couper la manifestation des patriotes et pour permettre aux escouades gouvernementales, d'ailleurs solidement armées, de parvenir jusqu'à M. Jules Lemaître ; mais ces assauts déséspérés furent repoussés, non sans que les sans-patrie aient eu leurs nez sérieusement endommagés et leurs yeux soulignés de taches noires du plus heureux effet. Finalement, M. Jules Lemaître, plus courageux et plus impassible que jamais, franchit victorieusement, avec M. Cavaignac, les défilés où le guettaient quelques douzaines de stipendiés et, suivi d'une foule frémissante, il arriva place de la Comédie, où se trouve l'hôtel des Princes, et y pénétra en triomphateur.

Je n'exagère pas en disant que plus de six mille citoyens se trouvaient à ce moment sur la place. Et cette foule, électrisée par le courage de ceux qui venaient d'échapper à un grave danger, demanda à grands cris qu'ils parussent au balcon de l'hôtel : aussitôt MM. Jules Lemaître et Cavaignac s'exécutèrent, et dès qu'on les vit, ce fut un délire dont je renonce à décrire l'intensité. Bordeaux, à ce moment, a pris un air de fête : il semblait que ce peuple, endormi par la lassitude, découragé par la longue tyrannie des sectaires, reprit tout à coup conscience de lui-même et voulût exprimer sa reconnaissance à ceux qui l'avaient rappelé à l'action patriotique, à la résistance nationale. Certes, je puis ici apporter le témoignage probe et loyal que, délibérément, un mauvais coup a été tenté et que l'effronterie criminelle des aveugles serviteurs d'un gouvernement affolé n'a fait que souligner plus vivement encore la grande victoire qu'a remportée à Bordeaux le parti des honnêtes gens.

On avait dit à M. Jules Lemaitre : « Montez en voiture ; rentrez à votre hôtel par des voies détournées, où de graves éventualités sont à craindre. » M. Jules Lemaitre a répondu : « Je rentrerai au milieu du peuple, et quand on est avec le peuple, on n'a « rien à craindre ». Et le peuple lui a montré qu'il avait bien fait de mettre sa confiance en lui.

BELFORT

M. JULES LEMAITRE, LE GÉNÉRAL MERCIER, M. SYVETON

23 février 1902.

Nous arrivâmes à Belfort vers trois heures du matin. Le ciel piqué d'étoiles était si pur qu'il éclairait toutes les contrées que nous traversions. A mesure que nous approchions, le pays se resserrait davantage. Des vallons se succédaient les uns aux autres, dénudés et couverts de taillis, enfermant dans leurs replis de petites maisons basses de paysans. Les derniers contreforts des Vosges mouraient aux bords de notre route. L'étrange angoisse qui saisit chaque Français quand il s'éloigne vers les pays annexés commençait à nous prendre tout entiers. Soudain le train siffla, glissa parmi des baraquements et des casernes, s'arrêta. Etroite, pressée, entassée, la ville de Denfert-Rochereau était devant nous. Des amis attendaient notre éminent président qu'accompagnaient MM. Syveton, Oster, Bonnamour, Daniellon,

Guyot de Villeneuve. Le bruit seul de nos pas troubla la rue déserte.

Tout à coup, comme nous atteignions l'Hôtel de l'ancienne poste, à cinq cents mètres, une masse noire, colossale, et dont la nuit limpide découpait les arêtes géantes sans lui enlever son grave mystère, se dressa à nos yeux : c'était la forteresse, pareille à une sentinelle de pierre. Un seul mot nous vint aux lèvres : « Belfort! » En effet, à ce moment précis, c'était vraiment Belfort, tout son passé, tout son avenir, tout son présent aussi dont cette citadelle était l'expression énergique. Que de souvenirs évoqua notre esprit durant ces minutes! souvenirs de vertu militaire, de confiance dans la patrie et de valeur héroïque.

Ce matin j'ai gravi le rude sentier qui mène au rempart où Bartholdi sculpta le lion fier et invaincu. La brume s'était évanouie, le soleil répandait ses rayons. Des artilleurs, des chasseurs et des fantassins sortaient de leurs quartiers. Bien loin, fumaient les nombreuses cheminées des usines. La ligne onduleuse des Vosges fermait l'horizon. A ma droite, les ballons neigeux d'Alsace, des Belles-Filles et de Saint-Antoine arrondissaient leur dôme. Derrière, l'Alsace annexée s'étendait, et, à ma gauche, l'Oberland bernois se devinait. Plus près, en ceinture infranchissable, les forts de la défense se suivaient à quelques kilomètres. Tout en haut du château le drapeau tricolore claquait à la brise. Inoubliable spectacle à la fois douloureux et réconfortant, où le sentiment de la force actuelle consolait un peu de ce qui fut jadis la défaite du droit!

Il y a malheureusement à Belfort une municipalité collectiviste et antipatriote amenée au pouvoir par les mercenaires d'un homme dont on sait l'étroite parenté avec l'ex-capitaine d'artillerie.

Les bandes gouvernementales, stylées et embrigadées par les partisans de MM. Mathieu Dreyfus et Schneider, maire de Belfort, ont essayé de renouveler contre M le général Mercier et M. Jules Lemaitre la tentative qui avait échoué à Bordeaux. Mais, ici, il faut noter que la police municipale et le préfet protégeaient visiblement les manifestants et leur prêtaient le concours de l'autorité qu'ils tiennent de leurs fonctions. Le coup, d'ailleurs, était magistralement préparé. On avait annoncé pour deux heures de l'après-midi une réunion publique au théâtre, dans laquelle MM. Renoult, ancien chef de cabinet de M. Floquet, et Schneider, maire de Belfort, devaient prendre la parole.

Cette réunion n'avait pour but que de permettre aux révolutionnaires de se masser à heure fixe devant l'hôtel où étaient descendus M. Jules Lemaitre et le général Mercier. Dès une heure et demie, deux cents hurleurs de *Carmagnole*, commandés par le préfet ceint de son écharpe et soutenus par la police, voulurent s'opposer à la sortie des orateurs qui se rendaient à la conférence de la Patrie Française, à la Maison du Peuple, située à deux kilomètres de là, dans un faubourg ouvrier.

Une première bagarre, assez sérieuse, eut donc lieu pour repousser les amis de M. Mathieu Dreyfus. M. Gabriel Syveton, avec un courage auquel il faut rendre hommage, montra le chemin aux patriotes, et les partisans d'Alfred Dreyfus durent battre précipitamment en retraite pour aller se reformer plus loin. Les ouvriers qui faisaient escorte aux directeurs de la Patrie Française marchèrent alors d'un pas alerte en chantant la *Marseillaise*, tandis que les «quarante sous» ministériels beuglaient la *Carmagnole*; à plusieurs reprises, pendant le parcours, il fallut lever les cannes, pour nous défendre tandis que le préfet et la police couvraient de plus belle leurs tristes protégés.

Enfin l'on parvint à la Maison du Peuple, et MM. Jules Lemaître et Mercier montèrent sur l'estrade, tandis que les trois mille ouvriers qui emplissaient la salle décernaient à nos chers et précieux amis une intraduisible ovation.

M. Lauxerrois, président de la Patrie Française de Belfort, remercie alors MM. Jules Lemaître et Mercier d'être venus porter à Belfort le réconfort de leur chaleureuse éloquence et donne la parole à M. Jules Lemaître.

Jamais l'illustre écrivain ne fut plus ardent, plus nerveux, plus emporté. A chaque instant, des approbations, des vivats partent de la salle. On rit, on claque des mains. L'accord est parfait. Cette voix chaude, irritée, transporte l'auditoire. Nulle décoration aux murs, il n'y a même pas de chaises. Tout le monde est debout, le chapeau sur la tête, à la demande du président, afin que les mouvements soient plus libres.

Le général Mercier retrouve avec une courte et vivante causerie le même succès.

M. Syveton fait voter à l'unanimité un ordre du jour qui flétrit le gouvernement et acclame la candidature de M. Viellard, député sortant de Belfort, et engage la foule à accompagner les conférenciers.

Il est quatre heures. Nous sortons. Ah! les dreyfu-
sards, qui ont affiché ce matin des placards d'insultes
n'abandonnent pas la partie! De nouveau, soutenus
par des agents de police à la dévotion d'un maire
dreyfusard, ils recommencent leurs cris et leurs sif-
flements. Bientôt cependant leur ardeur se calme. Ce
ne sont plus que des polissons recrutés je ne sais où,
venus de je ne sais quel pays ennemi, au visage pati-
bulaire, tels qu'on en rencontre à Paris sur les fortifi-
cations. Quelques coups sont échangés, que la police
nous rend.

Sur la place une nouvelle poussée se produit. M. Renoult est apparu. On crie « Panama! » M. Renoult
s'évanouit. On ne s'explique pas pourquoi.

MM. Jules Lemaître et Mercier rentrent à l'hôtel, et
la foule les demande au balcon. Le préfet se venge
de son échec en mettant des gendarmes à la porte
de l'hôtel. C'est trop tard : comme à Bordeaux, la
rue est restée aux nationalistes.

Cette conférence a inspiré à un de nos amis,
M. Charles Danielou, la belle poésie suivante :

Oui, nous sommes les fils de la Terre de France,
Et nous portons en nous vivante l'espérance
De lui rendre l'éclat de ses jours les plus beaux ;
Semblables à des morts dans notre léthargie,
Si nous avons laissé dormir notre énergie,
Nous sortons aujourd'hui plus grands de nos tombeaux.

Le héros au front grave et le preux magnanime,
Reconnaîtraient le feu sacré qui nous anime,
S'ils entendaient la voix de notre volonté ;
Etant leurs héritiers, nous sommes leurs élèves

Et nous avons trempé l'acier pur de nos glaives,
Dans la souffrance ardente et dans la charité !

Nous n'armons point nos bras pour des conquêtes vaines,
Et l'instinct des combats ne s'exalte en nos veines
Que si l'oppression veut étouffer nos droits ;
Les émancipateurs de peuples que nous sommes
N'aiment point qu'on attente aux libertés des hommes,
Et c'est nous qui jugeons les tyrans et les rois.

Aussi malheur à vous dont la froide insolence
Nous oblige à sortir aujourd'hui du silence,
Pour flétrir votre nom et condamner vos lois !
Trop longtemps indigné par votre tyrannie,
Le peuple de la France entière vous renie,
Enfants dégénérés du libre sang gaulois.

Lorsque les ouragans de colère et de haine
Auront anéanti de leur puissante haleine
Les projets ténébreux de vos ambitions,
Après avoir chanté les libertés prochaines
Nous nous reposerons à l'ombre des grands chênes !
Arbitres immortels du sort des Nations.

Mais déjà tous les cœurs frémissent d'espérance
En voyant chaque jour les enfants de la France
Dans un élan superbe acclamer notre effort.
Demain nous secouerons le joug du territoire
Et nous prophétisons aux vaillants la victoire,
En portant notre toast au lion de Belfort.

REIMS

M. JULES LEMAITRE, M. GABRIEL SYVETON, M. LOUIS DAUSSET

9 mars 1902.

Reims fut célèbre longtemps pour sa cathédrale, merveille de l'art gothique et trésor de souvenirs. Elle l'est maintenant depuis de nombreux mois pour son maire, M. Duval-Arnould.

On se rappelle, assurément, l'étonnante désinvolture avec laquelle ce farouche collectiviste millionnaire reçut l'empereur et l'impératrice de Russie. Par une fidélité, surprenante en l'occasion, à des principes discutables, il manqua aux plus élémentaires devoirs de politesse, et dans un pays illustre pour son urbanité, il fit mentir le dicton qui affirme tout Français un galant homme. Les souverains, d'ailleurs, s'amusèrent plutôt qu'ils ne se fâchèrent, de cet accueil si peu conforme à nos traditions séculaires. M. le maire eut le mauvais rôle dans l'affaire, et il ne devint fameux qu'à la manière pitoyable d'un mauvais Gugusse de foire.

M. Jules Lemaitre, bien qu'il ne soit aucunement un autocrate, n'a pas réussi non plus à se concilier les sympathies de cet administrateur si original. Les amis de Monsieur le Maire, recrutés parmi les libertaires et les révolutionnaires, ont, dès jeudi dernier, publié contre la conférence, des notes menaçantes et organisé pour aujourd'hui une réunion hostile, non loin du lieu ou doit se tenir celle de la Patrie Française. Incapable d'ailleurs, par trop de sensibilité sans doute, de contempler de près les misères du prolétariat rémois, M. le maire s'en est allé, quelques jours auparavant, bercer ses rêves humanitaires au clair et lumineux soleil d'Algérie. Son adjoint possédant toute sa confiance, et sûr d'un autre côté de sa police parfaitement asservie, il a disparu, ne voulant plus qu'on puisse lui reprocher tout ce qui pourrait survenir aux hôtes qu'il n'aime pas. Quelles convictions, d'ailleurs, tiendraient devant l'aristocrate attrait de longues et tièdes soirées aux bords heureux de la Méditerranée ?

M. le maire, ce soir ou demain à l'aube, en lisant les dépêches, se désolera. Tout était préparé, et tout a échoué hélas ! La journée, une fois de plus, aura été une belle victoire pour la cause nationaliste. Le soleil lui-même, abandonnant les nuages qui le cachaient, s'était mis de la partie pour caresser la salle de ses derniers rayons.

Dans un cirque immense, du haut en bas des colonnes, des drapeaux flottaient, et tout le long de la voûte vitrée, à travers laquelle apparaissaient les grands arbres effeuillés de l'avenue de la République, des oriflammes tricolores se balançaient en lignes entre-croisées. Un orchestre attendait le signe de son chef. Il était à peine deux heures, et tandis que trois mille auditeurs emplissaient déjà l'amphithéâtre, la foule s'écrasait à la porte, demandant à entrer, amusée par les cris des vendeurs qui offraient l'*Écho de Paris*, et de temps en temps bousculée en manière de distraction par les agents de police. Trois heures sonnèrent. Il fallut bien laisser dehors ceux pour lesquels il n'y avait plus de place. Aux accents de la *Marseillaise*, M. Jules Lemaître monta sur l'estrade. Il était accompagné de MM. Syveton, Coutant, Dausset, George Bonnamour, Fatoux, Guyot de Villeneuve, Souchon, de MM. Varlet, Colmar, Girardot, Foureau, Pelletier, du Comité rémois; de M. Lefranc, maire révoqué de Rethel, de M. Dia, ancien maire de Vouziers, des délégués de Sedan, de Charleville, d'Epernay, d'Ay, de Soissons. M. Godefroy Cavaignac n'avait pu venir et s'était excusé par une lettre vibrante de patriotisme républicain.

Voici trois mois que je parcours, du nord au sud et de l'est à l'ouest, la France, fidèle enregistreur de ce que je vois. Je sais maintenant peser, juger et estimer les enthousiasmes, en les comparant entre eux. Il m'a semblé ici être encore à Lille, dans ce gigantesque hippodrome, où retentirent mêlés aux accents sonores des cuivres les cris du plus ardent enthousiasme. C'était le même décor, le même public, la même fièvre d'admiration et d'entente affectueuse. Dans cette belle ville, dont La Fontaine écrivit : « Il n'est cité que je préfère à Reims, c'est l'ornement et l'honneur de la France », nous étions là même où bat le cœur du pays. Terre tout imprégnée d'histoire, fameuse pour ses beautés artistiques, son vin généreux, et ses grands écrivains, cette contrée a frémi des plus grandes luttes qui aient jamais été livrées. Chaque village porte le nom d'une victoire. Royauté, république, empire, sous tous les régimes, elle a été un champ de gloire et, depuis les rois francs jusqu'à nos jours, elle a été le boulevard sacré où la patrie défend son existence. Où de patriotiques et républicaines paroles pouvaient-elles être mieux comprises ? Presque chaque phrase fut soulignée d'applaudissements et de vivats. Jeunes gens et vieillards unissaient leurs bravos et leurs acclamations. Un vieux paysan surtout m'étonna et m'émut. La figure cuite par le soleil des campagnes, les joues et la lèvre rasées, coiffé d'une casquette bourrue et un foulard mal noué autour du cou, il s'était adossé contre un pilier, et serré entre ce pilier et la balustrade de la galerie, horriblement pressé par ses voisins, il demeura debout durant toute la conférence. Il ne pouvait pas bouger, mais les yeux brillants, il écoutait, souriant parfois et hochant la tête. A un moment, il se prit à pleurer. C'était bien un paysan de France, descendant de ceux qui avaient accompagné la Pucelle jusqu'à Reims, pour *bouter* dehors l'étranger.

Après M. Jules Lemaître, M. Dausset prit la parole, puis Paul Coutant, le robuste champenois qui évoqua les jours héroïques où pour la première fois, tout près de Reims, dans l'Argonne envahie, avait retenti le cri de : Vive la Nation. On fit une ovation à M. Syveton, qui fut, comme on sait, professeur au lycée de Reims, et qui le rappela dans le court discours qu'il prononça. Et quand tout fut fini, des inconnus escaladèrent la tribune et s'approchèrent de Jules Lemaitre : « Je ne suis qu'un petit professeur libre, disait l'un. — Je ne suis qu'un employé, disait l'autre. — Je ne suis qu'un ouvrier, disait un troisième ». Et tous voulaient, avant de partir, serrer la main du grand honnête homme qu'ils venaient d'entendre. Et, attendri, M. Jules Lemaitre secouait les mains tendues vers lui.

Il nous fallait regagner la salle Degermann, où devait avoir lieu un banquet de deux cents couverts. C'est à ce moment que nous retrouvâmes les amis de M. le maire. Au nombre d'une centaine, ils se tenaient à la sortie du cirque, et une cinquantaine encore occupaient le coin de la rue qui mène de l'Hippodrome à la salle. Quelques cris retentirent. Sans y prêter attention, nous avancions. La police, froissée assurément de cette indifférence, essaya le coup stratégique dont elle est coutumière : nous couper et nous rejeter sur les cinquante jabobins à gourdin. Mauvaise idée ! Notre bloc fonça; le commissaire reçut, je crois bien, dans la figure la caresse d'un poing solide, et deux de ses protégés, trop hardis, sentirent sur leurs casquettes le heurt répété de cannes habilement maniées. Sous l'effort de cette vigoureuse poussée, l'ennemi fut repoussé et s'évanouit, tandis que la foule enthousiaste emportait Jules Lemaitre jusqu'à la place voisine. Réclamé mille fois, il se montra au balcon à trois reprises.

Au banquet, des toasts ont été portés par MM. Jules Lemaitre, Syveton, Dausset, Coutant, Varlet, Lefranc,

Fatoux, Bonnamour, Guyot de Villeneuve. Les convives ont accompagné M. Jules Lemaitre jusqu'au quai
de la gare et l'ont salué de leurs derniers vivats quand
le train s'ébranlait.

NIMES

M. JULES LEMAITRE, M. GODEFROY CAVAIGNAC
M. SYVETON

3 mars 1902.

Nous voici dans la ville qui fut comme le berceau du nationalisme provincial. Dans cette cité heureuse et charmante que le soleil, dès l'aube, dore et caresse de ses rayons, le promeneur contemple, à chaque pas, les souvenirs du plus lointain passé. Ici, il les foule à ses pieds, mutilés par le temps ; là, ils se dressent victorieux des années et fiers d'une éternelle beauté. Quel champ plus riche pouvait s'offrir à ceux qui ont le culte des morts, le respect de la tradition et le sens de notre génie ? Et quoi d'étonnant si, il y a deux ans, en pleine crise, tout d'un coup, des hommes de classes différentes, de confessions différentes, d'opinions politiques différentes, se sont réunis et unis pour la même cause, pour le même but. Nimes eut le rare bonheur de rassembler étroitement ceux qui semblaient séparés pour toujours. Les liens invisibles, qui nouent au présent les siècles écoulés, un instant distendus, retrouvaient toute leur fermeté.

Que peuvent contre une telle entente les affiches d'injures grossières qu'ont rédigées les collectivistes et leurs efforts désespérés pour comprimer l'enthousiasme. Ils ont notamment lancé cet appel, où se décèle leur rage impuissante :

« Républicains, radicaux, socialistes, libertaires, resterez-vous impassibles devant les grotesques provocations des pires nationalistes ? Supporterez-vous sans protester que Lemaître et Cavaignac viennent dans notre cité répandre leurs mensonges sur tous ceux qui ne veulent pas plier l'échine sous la botte d'un Déroulède ou d'un Gamelle ? Nous ne le croyons pas. Aussi nous vous invitons tous à vous rendre, aujourd'hui lundi 3 mars, à huit heures et demie du soir, à la chapelle de l'ancien lycée, où aura lieu un grand meeting de protestation contre les agissements clérico-nationalistes et contre la conférence Lemaître-Cavaignac. Nous espérons que vous viendrez tous en masse à cette réunion, affirmer vos convictions républicaines et antinationalistes ; nous comptons sur vous. »

Cette proclamation est signée à la fois par le maire gouvernemental de Nîmes, un nommé Crouzet, et par M. Liart-Courtois, qui s'intitule modestement *ex-forçat* — piquant assemblage, qui souligne une fois de plus l'alliance des représentants du pouvoir et des tenanciers de l'anarchie.

Vaines menaces ! Ont-elles empêché seulement la foule d'amis de se presser, ce matin, à la gare, au-devant des conférenciers? Il y avait là le général Bertrand, MM. Chatel, Colomb, Roques, Arnaud, Guédan, Mirepoix, Pélissier, Doumet, Rebuffat, Pêcheur, les docteurs Ménard et Mazel; les capitaines Vigne, des Isnards et Martinet, mêlés à MM. Syveton, Coutant, Delsol, Bonnamour, Joseph Ménard. Ils accompagnèrent les orateurs jusqu'à l'hôtel, tandis que les curieux qui occupaient l'esplanade se découvraient respectueusement.

Il n'est pas jusqu'au banquet de midi qui n'ait eu un caractère de chaleureuse intimité qui n'avait jamais encore atteint ce degré et c'est tout ému que M. Jules Lemaître écouta les vers ardents de reconnaissante affection que récita, à la fin, un officier retraité, M. Martinet, au milieu des applaudissements enthousiastes.

Sous un ciel étincelant d'étoiles, nous avons gagné le Casino où devait avoir lieu la conférence. Nul manifestant hostile ne se montra. Des femmes et des enfants nous regardaient passer et les hommes paisibles qui se promenaient s'arrêtaient pour saluer.

Imaginez une salle de concert immense qu'entoure un jardin. Dans cette salle, deux à trois mille hommes sont debout, tête nue; seules, des femmes occupent, aux premiers rangs, des chaises. Sur des écussons rouges aux initiales de la Patrie Française, des drapeaux flottent. Dans le jardin, jusqu'au mur d'enceinte, deux mille hommes se pressent encore qui, sans doute, n'entendent guère, mais qui sont là, qui applaudissent et crient des vivats. Et, dans la rue, d'autres encore s'écrasent, qui s'impatientent de ne pouvoir entrer faute de place.

4.

Nancy, Lille, Rouen, Bordeaux n'avaient pas prodigué de battements de mains plus chaleureux ni de cris plus ardents, quand M. Jules Lemaître, accompagné de M. Cavaignac, apparut sur l'estrade. Et c'étaient les mêmes auditeurs : petits patrons, petits employés, paysans et ouvriers. Les ouvriers, même, l'emportaient par le nombre. Une épingle jetée dans leurs rangs n'aurait pu tomber, je pense, à leurs pieds, tant ils étaient serrés les uns contre les autres. Indifférents à la fatigue de n'avoir ni siège pour s'asseoir, ni espace pour se mouvoir, ils tenaient leurs regards obstinément fixés sur l'orateur; souriant, hochant de la tête, se reculant un peu pour élever leurs mains et applaudir. Et, dans ce pays de lumière, où l'intelligence est claire comme le ciel et rapide comme le souffle de l'air, pas un mot n'était perdu. C'est un homme de bon sens qui parle à des hommes d'esprit : ne sommes-nous pas dans la patrie d'Alphonse Daudet ?

Quand Jules Lemaître eut fini, ces milliers d'auditeurs, ne sachant plus comment prouver leur enthousiasme, brandirent, sur l'exemple de l'un d'eux, leurs chapeaux au bout de leurs cannes. On ne vit plus que des chapeaux agités, secoués, balancés. Puis, les chapeaux s'évanouirent et un ban formidable ébranla les faibles cloisons de la salle. Toute l'ardeur du Midi se donnait libre carrière. Ce long accès ne l'épuisa pas. M. Cavaignac, à peine eut-il dit quelques mots, éveilla la même fièvre. Au dehors, cependant, les libertaires conduits par cet illustre chef dont j'ai cité, plus haut, la qualité, arrivaient et s'élançaient contre les portes, criant, jurant, insultant. La voix de l'orateur, vibrante, emportée, couvrait ces bruits d'émeute que chassaient encore plus loin les applaudissements de la foule. Brusquement, les révolutionnaires se turent et s'éclipsèrent, tandis que M. Cavaignac adressait un dernier appel à l'union de toutes les bonnes volontés et que l'ovation faite à M. Jules Lemaitre recommençait pour lui.

Court, trapu, taillé pour la lutte, le geste rude, la voix retentissante, Me Joseph Ménard, avocat à la cour de Paris et candidat à Nimes, prit alors la parole. Il allait, il venait sur l'estrade, apostrophant le peuple, l'excitant, l'amusant, l'enthousiasmant. Son faux-col le gênait, il l'arracha ; il avait des phrases concises, dont il scandait chaque syllabe ; des phrases imagées qu'il semblait jeter d'une main... impatiente ; des phrases emportées qui semblaient mordre.

Dans la douceur de la nuit étoilée, au chant triomphal de la *Marseillaise* accompagnée par toute une population, MM. Jules Lemaitre et Cavaignac traversèrent la ville, pour rentrer à l'hôtel.

Sur la route, quelques centaines d'internationalistes, soutenus par la police municipale, essayèrent de rompre nos rangs. Quelques-uns de nos amis furent appréhendés par les sbires du gouvernement. Le capitaine Herschel protesta contre ces tentatives de désordre voulu et préparé par les autorités. Il fut aussitôt saisi par des agents et emmené au poste.

Nous poursuivimes notre marche jusqu'à l'hôtel, où la foule porta les orateurs en triomphe. MM. Jules Lemaitre et Cavaignac se montrent au balcon, salués par les acclamations. A ce moment, la police, par une savante manœuvre, amena jusque devant l'hôtel une poignée de révolutionnaires qui entonnaient l'*International*e à plein gosier. Les patriotes répondirent par la *Marseillaise*. Enfin, l'artillerie à cheval survint et balaya, dans une charge bien ordonnée, la police et les émeutiers ; on cria, naturellement : « Vive l'armée ! »

ANNECY

M. JULES LEMAITRE ET M. LOUIS DAUSSET

23 mars 1902.

Cette première journée d'un voyage qui doit nous
mener à travers des pays qui sont parmi les plus beaux
de France, d'Annecy à Lons-le-Saulnier par Saint-
Claude, aura été très simple, très calme, et très belle
dans ce calme et dans cette simplicité. Elle avait ai-
mablement commencé. A la gare de Lyon, une délégation de la colonie savoisienne de Paris était venue
acclamer Jules Lemaitre, et une petite fille, une bru-
nette de dix ans, Augusta Usannaz, lui avait offert,
après un tendre compliment, un gros bouquet tricolore. A l'arrivée à Annecy, les membres du comité de
la ville l'attendaient. C'étaient MM. Jacques Carron, le
candidat aux élections législatives; Deschamps, Ruphi,
Tissot, Deton, directeur de la *Savoie libérale*, de Cham-
béry; Antonio, président du Cercle Savoisien de Ge-

nève. Après le déjeuner, enfin, les dames d'Annecy, sous la conduite de leur présidente, s'étaient rendues à l'hôtel pour saluer, elles aussi, le président de la Patrie Française et lui remettre un nouveau bouquet.

La fin de la journée couronna magnifiquement ces préludes gracieux. La réunion se tenait dans un grand bâtiment d'usine, à la salle, dite du Clo, toute en planches, et située dans un terrain vague, loin des rues à arcades, des vieilles maisons et des canaux limpides qui font de la ville une petite Venise montagnarde. A une heure déjà la foule se pressait à la palissade, et un tramway spécial amenait de Thônes plusieurs centaines de paysans. Sur l'estrade s'asseyaient : MM. Dausset, Bonnamour, Jarzuel, Danielou, Carron. A deux heures, deux mille auditeurs, debout, s'écrasaient entre les faibles murs et ceux qui n'avaient pas trouvé de place s'installaient, les jambes pendantes, sur les poutres de la charpente, tandis qu'au dehors les retardataires s'accrochaient aux fenêtres ou grimpaient sur des échelles improvisées. Derrière les vitres, la grande masse neigeuse des montagnes se dressait sous le ciel clair et libre.

Ah ! comme elle est juste cette phrase du discours de Jules Lemaître : « Nous ne sommes pas une ligue bourgeoise, mais une ligue populaire ! » Il y avait là, en effet, presque uniquement des paysans aux maigres figures ridées et toutes blanches, ou aux visages bronzés et comme cuits par le travail des champs : pantalons de velours, ceintures de flanelle rouge, tricots de laine, quel pittoresque tableau pour un peintre amoureux de réalisme ! Fils de la terre, ils étaient accourus vers celui qui défend la vertu et les gloires acquises par les ancêtres et transmises aux descendants; vers celui qui, fils de paysan comme eux, a conservé, comme eux, si vivant, cet amour du sol natal. Les applaudissements de ces mains calleuses avaient, je vous assure, de sonores éclats, et elles ne les épargnaient pas, et quand l'orateur en fut à sa péroraison, leurs bravos s'accrurent de vibrants vivats.

Il venait de leur dire ce qui devait le plus les toucher et il ajoutait : « Votre peuple, toute son histoire le prouve, a un fonds de noblesse et de générosité héréditaire. Il le fera savoir une fois de plus, nous l'espérons fermement, et le pays de tant de grands esprits et de grands cœurs, le pays de François de Sales, de Berthollet, de Dupas et de Sommelier, l'éventreur des Alpes, ne démentira pas notre espérance. Nous en avons, d'ailleurs, pour garant, votre camarade Jacques Carron, si honorable et si honoré, en qui je reconnais et salue les antiques et fortes vertus de votre province ».

M. Dausset alors prit la parole. Ce petit homme trapu, aux yeux fiévreux, à la lèvre mauvaise, qui semble brûlé d'un feu intérieur, enlève les masses par son éloquence irritée et indignée.

M. Dausset, en rappelant la première victoire nationaliste, obtint un enthousiaste succès et M. Carron, qui salua Jules Lemaitre des noms de libérateur de la Patrie et de restaurateur de la Liberté, recueillit d'unanimes acclamations.

La conférence était finie ; nous sortimes. Le soleil se couchait, embrasant de ses derniers rayons les montagnes toutes proches, et la brise était fraiche et vive. Sur les balcons, les hommes se découvraient respectueusement et les femmes claquaient des mains. Dans la rue, c'étaient les mêmes marques de sympathie. Soudain, une vingtaine de manifestants, ceux qui sans doute, dès la veille, avaient placardé les murs d'affiches menaçantes, se précipitèrent. Ils portaient, au bout d'un long bâton, un drapeau rouge. C'était la bande des Apaches que nous retrouvons partout. Dans cette ville, toujours si paisible, on avait jugé inutile de prendre des précautions. Seul, le commissaire central se trouvait là. Il s'élança et arracha le haillon. Les anarchistes n'en demandèrent pas davantage et s'évanouirent. Le cortège reprit sa marche. A peine avait-il eu le temps de remarquer l'incident. Alors, chanté par des centaines de voix puissantes, un chant s'éleva, noble, grave, triste et fier à la fois, qui emplissait l'air et semblait s'en aller vers les hauteurs sereines où nulle tyrannie ne peut atteindre. C'était le chant national des *Allobroges*, l'hymne de 1856, la sainte prière de la Liberté proscrite, demandant asile au libre pays des montagnards :

COUPLET

Je te salue, ô terre hospitalière,
Où le malheur trouva protection ;
D'un peuple libre, arborant la bannière,
Je viens fêter la Constitution.
Proscrite, hélas! un moment de la France,
J'ai pu passer chez vous des jours bien doux,
Mais au foyer a relui l'espérance,
Et maintenant, je suis fière de vous.

Refrain :

Allobroges vaillants, dans vos vertes campagnes
Accordez-moi toujours asile et sûreté,

> Car j'aime à respirer l'air pur de vos montagnes.
> Je suis la Liberté.

Les premiers commençaient, les seconds reprenaient, les derniers reprenaient encore et l'hymne paraissait n'avoir point de fin.

Comme on arrivait à l'hôtel, sur le canal, près du lac, un nouveau drapeau rouge fut brandi. A nouveau, le commissaire voulut s'en emparer. Bousculé, frappé, il allait succomber sous les coups. Nous criâmes alors à nos amis qui ne voyaient pas ce qui se passait : « Secourez le commissaire ». Et nos amis eurent le plaisir délicat de sauver le représentant de la force publique. Une fois encore, les malheureux révolutionnaires durent s'éloigner, après avoir reçu quelques bourrades. La foule, réunie devant l'hôtel, au balcon duquel l'orateur se montrait, chantait une dernière fois le chant de ses aïeux.

Le soir tombait doucement; des lumières, au loin, s'allumaient; les eaux vertes du lac se couvraient d'ombre et, seules, dans la nuit qui descendait, les montagnes surgissaient toutes blanches, éternels symboles de liberté sereine.

SAINT-CLAUDE

M. JULES LEMAÎTRE

24 mars 1902.

Nous partîmes d'Annecy vers sept heures du soir.
A la gare, une véritable foule envahit les quais, accla-
mant le président de la Patrie Française et entonnant
encore le chant des Allobroges, que reprenait, au milieu de l'enthousiasme général, M. Jules Lemaître lui-
même. Durant le trajet, à chaque station où s'arrêtait le train, la même manifestation se produisit, et il
fallait que M. Lemaître, à travers la portière, serrât la
main aux nombreux paysans qui voulaient le voir et
lui donner l'accolade. Vers minuit, nous étions à Belle-
garde, que nous quittâmes à l'aube pour gagner Saint-
Claude. Nous avions changé de compartiment à peu
près cinq fois, et les trains qui nous emmenaient
faisaient quelque chose comme du quinze ou vingt à
'heure.

Saint-Claude est ingénieusement et hardiment planté sur les deux bords d'un ravin large et profond où coule une eau d'émeraude. (Mon Dieu ! qu'il est donc superflu d'aller en Suisse !)

Saint-Claude est la ville des pipes. Ou, plus exactement, Bussang étant la ville des pipes de merisier, Saint-Claude est la ville des pipes en racine de bruyère. Saint Claude en fournit le monde entier, y compris l'Angleterre. Même, ces pipes confortables, que vous achetez peut-être à cause de l'inscription : *Made in England*, sachez qu'elles ont été fabriquées à Saint-Claude.

Les femmes et les jeunes filles polissent les pipes. Presque toutes sont ou paraissent jolies. Pour protéger leurs cheveux contre la poussière de bois, elles les enveloppent de larges fichus en forme de petites mitres ; elles ressemblent ainsi à des figurines assyriennes ou égyptiaques ; et, comme la fine poussière répand sur leurs visages et sur leurs coiffures une même teinte d'un jaune très doux, on dirait que ces jeunes femmes sont en ivoire.

Cette petite ville de Saint-Claude, si coquette, si jolie, a pour maire un ancien lutteur des Folies-Bergère, le citoyen Vuillod, qui, pour arriver à la Chambre haute, est passé par le music-hall de la rue Richer. Dans cet établissement où l'on s'amuse, le lutteur Vuillod portait sur son épaule droite un canon chargé jusqu'à la gueule, et lorsqu'on mettait le feu à la pièce, il en supportait le recul sans faiblir. Depuis, ce mastodonte à maillot couleur chair a condamné, comme sénateur, de bons Français à l'exil, et il collabore avec M. Trouillot à l'œuvre abominable de persécution politique, religieuse et sociale qui est la grande idée du règne de la coterie de défense républicaine. Le député actuel de Saint-Claude est non moins sectaire que Vuillod le colosse.

La réunion devait être privée : les socialistes ne l'entendirent pas ainsi. Ils entrèrent, au nombre de deux cents à peu près, distribuant des brochures révolutionnaires, arrachant les planches qui consolidaient les portes secondaires de sortie. Les Jurassiens n'aiment pas qu'on les exclue d'une assemblée où l'on parle. La salle, située dans une étroite petite rue, au haut de quelques marches de pierres traîtres et glissantes, présentait vers deux heures de l'après-midi une physionomie à la fois curieuse et inquiétante. Des cris s'élevaient, des menaces se mêlaient à des coups de sifflets. Quelques-uns voulaient répondre à cette violation du droit de réunion par d'autres violences. George Bonnamour et M. Jeantet rassurèrent ceux qui craignaient et calmèrent ceux qui s'emportaient. Ils décidèrent de laisser la réunion devenir publique et contradictoire.

Nous n'eûmes pas à nous en repentir. Sans doute quand M. Jules Lemaître prit la parole, il y eut bien, de divers points, de bruyantes et stupides interruptions. Un socialiste lui reprocha d'avoir dit : « Dieu merci », mais Jules Lemaître lui ayant répliqué qu'il disait bien N. de D., les rieurs furent pour le conférencier, qui put, malgré tout, parler et être écouté. Les amis, répandus dans la salle, opposaient d'ailleurs aux cris désapprobateurs d'énergiques applaudissements.

Deux socialistes avaient pris place sur l'estrade. Quand M. Jules Lemaître eut fini, l'un d'eux, le citoyen Ponard, un petit homme trapu, à la figure intelligente, aux gestes lents, à la voix claire, exposa brièvement et en fort bons termes sa doctrine, qui n'est pas le collectivisme d'État, mais le collectivisme communal. C'est un rêve qu'on ne s'étonne pas trop de rencontrer à Saint-Claude, petite cité presque entièrement vouée à une industrie unique et sans chômage, et où il est seulement à craindre que les coopératives ouvrières trop riches ne deviennent à leur tour oppressives. Il nous sembla d'ailleurs que M. Ponard supprimait en imagination un trop grand nombre de réalités morales, historiques et géographiques. Il faut retenir en tous cas de son discours cette déclaration : « Il n'y a plus que deux partis en présence, le nationalisme et le socialisme. Quant aux radicaux et radicaux-socialistes, ils sont déjà dans la tombe. » Ah ! si c'était vrai !

La discussion fut parfaitement courtoise. Il est bien vrai que nous ne sommes pas d'accord avec M. Ponard et ses amis, et qu'il faudrait de longues discussions pour arriver seulement à nous comprendre. Mais nous nous sommes séparés moins ennemis.

Et cette réunion — devenue publique et contradictoire à l'improviste — est la première d'où nous ayons pu sortir les mains dans nos poches et sans entendre un seul cri hostile.

Puis, dans le wagon-salon, construit naguère pour M. Trouillot, le tramway nous emporta, au soir tombant, à travers un pays âpre et nu, d'une beauté sévère et pure, — qui est le pays des ancêtres, de Lamartine, — et que Chateaubriand, dans son *Itinéraire*, compare à la Galilée. Et, à chaque station, des délégations des communes voisines venaient nous serrer la main.

5.

LONS-LE-SAULNIER

M. JULES LEMAITRE ET GODEFROY CAVAIGNAC

25 mars 1902.

M. Trouillot, illustre à bien des titres, qu'il ne serait point courtois, peut-être, de citer tous, bien qu'il soit difficile d'en faire bon marché, a dû éprouver quelque inquiétude de l'arrivée à Lons-le-Saulnier de M. Jules Lemaitre. Le malheureux sectaire qui a attaché son nom à la plus bassement inique de nos lois a publié d'abord, dans son journal, un article de trois colonnes, pour annoncer que cette conférence n'avaitnulle importance, oubliant cette vieille vérité qu'on ne parle longuement que de ce qui est important. Ensuite, il a acheté — prodigieuse dépense — cinquante sifflets qu'il a distribués à cinquante jeunes amis. Les cinquante jeunes amis sont venus à la gare, lundi soir, conduits et dirigés par le commissaire central, deux professeurs du lycée et un pharmacien. Il était naturel, n'est-ce pas ? que Homais fût de la fête.

Malheureusement, les meilleurs sifflets ne résistent pas à cinq cents voix solides qui crient : « Vive Lemaître ! Vive la République ! Vive la Liberté ! » et nous n'eûmes pas, dans la nuit épaisse, la joie de bien distinguer les visages des musiciens de la défense républicaine.

Nous les vîmes le lendemain. Comme M. Godefroy Cavaignac arrivait à une heure, nous étions allés le chercher. Les cinquante jeunes amis réapparurent. Ils avaient les plus sinistres figures qu'eût pu rêver un maître feuilletoniste, et ils semblaient s'être échappés de toutes les prisons de la contrée. Ce n'est pas leurs haillons que je leur reproche ; nous avons cent fois rencontré de braves gens mal abrités du froid sous des loques lamentables. Le haillon peut être signe de noblesse. Mais quel honnête homme eût osé supporter d'être une seule minute acclamé par cette bande de voyous, dont les plus âgés avaient vingt-deux ou vingt-trois ans, et les plus jeunes, qui étaient les plus nombreux, de dix à quinze ans. Les deux professeurs de la veille les conduisaient encore, et le commissaire les encourageait toujours de sa bienveillance. Ils restèrent là, jusqu'à l'ouverture de la conférence, nous causant tant d'amusements que l'un de nous s'en fut chez le photographe, qu'il ramena et qui prit quelques clichés du groupe si sympathique fourni par les électeurs de Trouillot, auxquels s'était joint le maire de Lons-le-Saulnier.

La réunion se donnait dans un grand magasin en construction, aménagé à la hâte et où l'on avait dressé l'estrade sur l'escalier du fond qui mène à une galerie supérieure. Deux mille électeurs de Lons-le-Saulnier, de Dôle, de Poligny, remplissaient la salle, public touchant d'attention et d'enthousiasme, et il y avait là en outre les plus notables habitants de la ville : MM. Labordère, conseiller général, le frère du commandant qui fut élu député de Paris au lendemain du 16 Mai ; Chambard, conseiller général ; Thévenin, ancien président du comité Trouillot ; Gauthier, ancien avoué ; Fouchécourt, Charpillon, Cholet, Mias, Humbert, Ahyerre, Jeantet, Duval, Danielou, Prost, et les candidats antiministériels ; Lascoux, agronome, Rolland et Bonnamour.

J'ai, comme tous ceux de ma génération, subi profondément l'influence de l'écrivain délicat et subtil que fut M. Jules Lemaitre ; mais, plus heureux que mes camarades, j'ai pu l'approcher, l'accompagner dans ses voyages et vivre un peu de sa vie. J'ai vu celui qu'on félicitait d'être naguère un sceptique charmant, devenir l'homme le plus convaincu, le plus ardent et le plus opiniâtre et, après l'avoir admiré, je l'ai aimé. Qu'il me soit donc permis d'écrire ici que jamais il ne fut plus éloquent qu'à la fin de cette tournée politique. Nulle fatigue, nulle lassitude. Les difficultés ne font que l'exciter et les obstacles que le stimuler. Il fut devant ces paysans, ardent, fiévreux et persuasif comme jamais il ne l'avait été. Après trois mois de courses dans toute la France, il semble n'avoir gagné que plus de jeunesse et de vigueur. Il est vrai que rien ne vivifie autant que les continuels applaudissements des braves gens et les habitants de cette ville ne lui ont pas ménagé les leurs. Le Jurassien est célèbre par son esprit avisé et sa fine intelligence. Il l'a prouvé, une fois de plus.

M. Cavaignac succéda à M. Jules Lemaitre ; il démontra, par d'irréfutables arguments, l'œuvre de désorganisation militaire entreprise par les sectaires et refit l'histoire de ce grand état-major général, sans cesse attaqué et à peu près détruit aujourd'hui : il fit ensuite promptement justice du stupide reproche du cléricalisme, en rappelant que le premier article inscrit au programme vraiment républicain est la liberté de conscience. L'idée républicaine ne se sépare ni de l'idée de tolérance, ni de l'idée nationale, de même qu'elle se confond avec l'idée démocratique et sociale. Il est inutile de vous dire que de frénétiques acclamations accueillirent ces discours.

M. Rolland, qui se présente ici contre M. Trouillot, prononça alors une harangue enflammée où, après avoir retracé brièvement le passé des célèbres orateurs, il remercia le comité républicain d'avoir fait de lui le porte drapeau de ses idées, et développa sa déclaration de candidat.

Ce fut ensuite à M. Lascoux, le robuste agriculteur qui combat le député Dumont, et à M. Bonnamour, notre distingué confrère, qui renversera le député Cère, de prendre la parole. Les vivats qui les saluèrent sont d'un bon augure indéniable. M. Trouillot ne sera pas content, surtout en songeant que c'est le président même de son ancien comité qui mène campagne contre lui.

A la sortie, les jeunes Trouillotards essayèrent de recommencer leur monotone comédie, et comme nous partions dans une heure ils nous attendirent. Vers sept heures, nous nous dirigeâmes vers la gare. Les paysans de Poligny, entourant leur solide candidat, M. Lascoux, ouvraient la marche. Les paysans de Dôle, les habitants de Lons-le-Saulnier se serraient autour de MM. Jules Lemaître et Godefroy Cavaignac. Sur le trottoir, la petite bande des manifestants suivait. Un chant emplissait l'air : la *Marseillaise*, chantée par les Nationalistes, couvrant l'Internationale lugubre qui tentait parfois vainement de s'élever. De temps en temps des coups de poing s'échangeaient. Comme soulevés par leurs amis, les conférenciers entrèrent dans la gare, où le commissaire promenait encore sa massive personne, furieux d'avoir vu rater tous ses plans. Le quai en un instant fut noir de monde, et tandis que le train s'apprêtait à filer, des vivats retentissaient. On acclamait Lemaître et Cavaignac, on acclamait la République, on acclamait les candidats antiministériels. La locomotive siffla, les cris redoublèrent, le train s'ébranla. Nous aperçûmes au loin, contenus par leurs propres adversaires les Trouillotards qui tendaient le poing rageusement.

LE PUBLIC DES RÉUNIONS

LES MANIFESTANTS — BANQUETS ET TOASTS

Nos adversaires répétent sur tous les modes : vous êtes des réactionnaires, et ce qui le prouve mieux que toute chose, c'est le public qui assiste à vos conférences. C'est une calomnie qu'il ne faut pas cesser un instant de détruire.

La ligue de la Patrie Française est bien plus qu'une ligue bourgeoise, une ligue populaire. Le sentiment national n'est pas en effet spécial aux classes aisées. Bien au contraire. Il est propre à tous les Français qui aiment la France, et l'on sait avec quelle ardeur le peuple aime sa patrie. Il suffit d'avoir assisté à une réunion nationaliste pour être renseigné sur ce sujet. Dans les grandes villes, le public est presque tout entier fourni par la classe moyenne, cette classe de petits patrons, de petits commerçants, d'employés et de commis, gens d'esprit réfléchi et avisé, qui a fait durant les siècles la gloire et la force de la France, et qui est comme la réserve inépuisable où aux jours de malheur elle a puisé avec prodigalité. Dans les villes de population moins grande et dont la fortune vient des industries ou des travaux agricoles, l'auditoire est en majeure partie formé par des ouvriers ou des paysans. Les paysans surtout, qui veulent avant toutes choses la sécurité absolue de la terre qu'ils cultivent, vont vers ceux qui leur apportent les moyens de la défendre et de la protéger. A Belfort, la Maison du Peuple n'était remplie que de paysans venus exprès de la campagne ; à Annecy, la salle du Clo n'était remplie que de montagnards descendus de leurs villages ; à Mamers, le jardin de l'Hôtel de Normandie n'était rempli que de campagnards en blouses bleues et en casquettes de loutre. Quand j'aurai ajouté que les employés des chemins de fer étaient toujours fortement représentés à nos conférences, on aura une idée assez complète des auditeurs qui accouraient nous entendre.

Et voici une seconde preuve de la vérité de ce que nous affirmons. Avons-nous eu une seule fois le peuple contre nous? Pas une seule fois. Les manifestants qui nous injuriaient au nombre de deux à trois cents à la sortie de chaque réunion se reconnaissaient tout de suite : ils promenaient triomphalement le drapeau rouge et chantaient le lugubre chant de l'Internationale. Ce sont là des faits qu'on ne peut nier. Les plus sinistres figures qu'eut pu rêver un romancier-feuilletoniste se trouvaient devant nous, faces patibulaires d'échappés deprison, de repris de justice ou de vagabonds. Je reconnais avec plaisir d'ailleurs qu'ils étaient souvent conduits par des professeurs de lycée, dignes émules de M. Hervé, rédacteur au *Pioupiou de l'Yonne*, qui signait avec orgueil : *Un Sans-Patrie*. Les boulevards extérieurs de nos fortifs abondent en drôles de cette espèce. Je doute que personne de sensé ait jamais songé une seule minute à les considérer comme appartenant au peuple français. Quelle tristesse de penser que c'est sur de semblables bandes que s'appuient les députés que nous combattons ! Nous possédons un irréfutable document : la photographie des électeurs de M. Georges Trouillot, prise à Lons-le-Saulnier, devant l'hôtel même où ils hurlaient leurs complaintes d'enterrement.

Nous pouvons dire que, partout où nous sommes allés, nous avons senti battre le cœur de la France. Nous avons pris contact partout avec tous ceux qui l'aiment et qui veulent sa grandeur et sa prospérité, et en même temps que la France moderne, c'est la vieille France que nous avons trouvée.

Il n'y a pas de discours politiques sans banquet, et il n'y a pas de banquets sans toasts. Ne raillons ni les banquets ni les toasts. Nous leur devons d'inoubliables émotions, car ils avaient chacun leur marque propre, ils étaient comme la pittoresque caractéristique des provinces qui nous recevaient. Un banquet rémois ne ressemble pas à un banquet bordelais. Les convives ne sont nulle part les mêmes, car ils ont toujours l'empreinte des traditions et des coutumes locales; les plats même, qui composent le menu, sont des plats du terroir, fameux par leur réputation et leur ancienneté. Et enfin les chants qui souvent terminaient le repas étaient toujours de ces vieux chants du pays, que les générations se transmettent de père en fils, sans que personne connaisse le nom de l'auteur, et où palpite l'âme provinciale.

Qu'on me permette un souvenir. C'était à Lille. Après la conférence, qui avait eu lieu le soir, un punch était offert aux conférenciers. Les verres venaient de se choquer. Soudain, un Lillois commanda : « Le vivat flamand. » Tous se levèrent. Seuls, MM. Jules Lemaitre et Godefroy Cavaignac restèrent assis. Alors un chant, grave et ardent à la fois, s'éleva, mêlé de paroles latines et de paroles françaises. Il souhaitait longue vie à ceux qui étaient venus parler de la liberté et de la patrie, et dans la vaste salle, il prenait une extraordinaire sonorité. Vieilles chansons de la terre de France, quelle beauté touchante et quelle émotion vous renfermez!

Nous n'avons voulu retracer dans ce petit volume que l'histoire au jour le jour de la campagne nationaliste menée par M. Jules Lemaitre et M. Godefroy Cavaignac. Raconter la campagne nationaliste dans toute son étendue exigerait plusieurs livres. Les conférences de la Patrie Française ont été innombrables, et ses orateurs ont parcouru, depuis trois ans, la France en tous sens. Je citerai parmi eux MM. Doumic, Spronck, Lecorbellier, Oster, Tournade, Paul Coutant, Noilhan, Georges Bonnamour, Jeantet, Delsol, Paulin Méry, Fatoux, Andriveau, Guyot de Villeneuve, Charles Bernard, Ferrette, Holtz. Je rappellerai la fameuse tournée faite en Lorraine par Maurice Barrès et Gabriel Syveton. Et je sens combien manque dans ce trop court résumé la place qu'y devraient prendre les conférences données par François Coppée et le général Mercier.

De ceux-là, la gloire est aussi grande que de

MM. Jules Lemaître et Godefroy Cavaignac. C'était le mois dernier que l'illustre poète prêchait aux femmes de France, réunies à Lyon, l'union étroite et ardente contre le ministère, et à Angers excitait les énergies déjà réveillées. On se rappelle aussi les réunions données à Caen le 11 mars, par le général Mercier, accompagné de MM. Noilhan, Andriveau et Danielou, dans le hangar d'une minoterie aménagé à la hâte. Un autre racontera plus tard toutes ces journées de combat.

La lutte électorale est maintenant engagée. Puisse la victoire couronner tant d'efforts, si désintéressés et si nobles !

12 avril 1902.

TABLE DES MATIÈRES

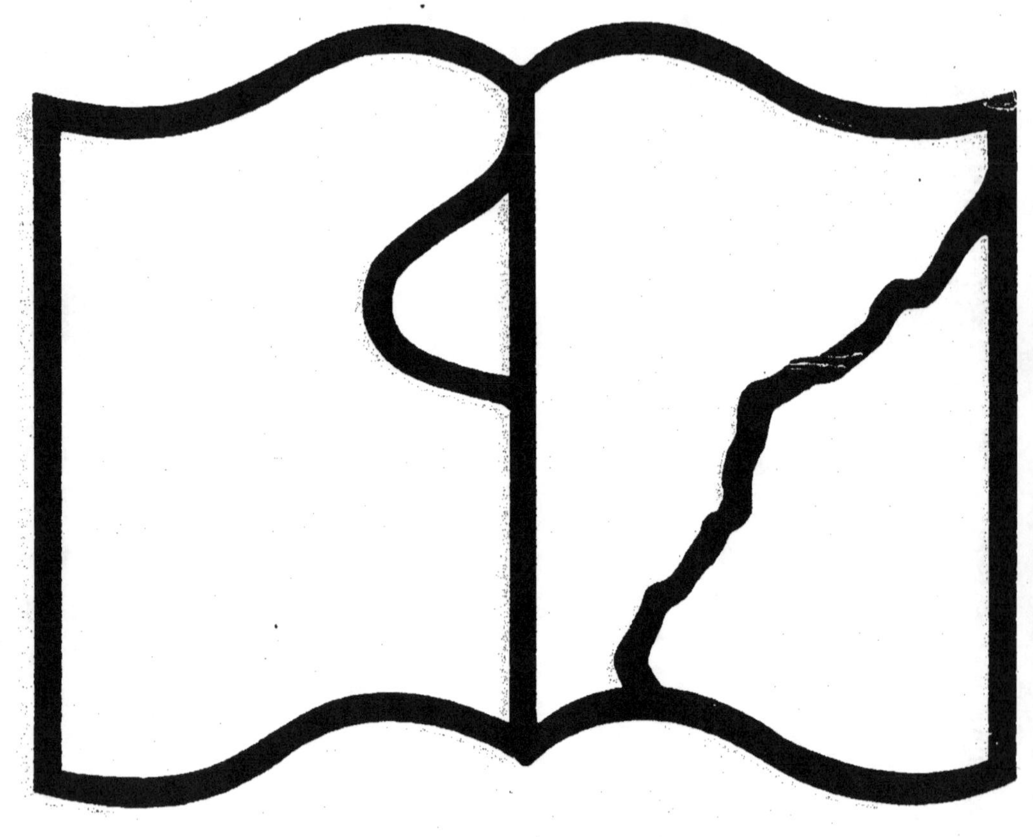

Texte détérioré — reliure défectueuse

NF Z 43-120-11